달빛 풀어 밑줄 긋다

책나무
시선집
215

달빛 풀어 밑줄 긋다

고치완 시집

목차

화(火)

풍(風)

지(地)

수(水)

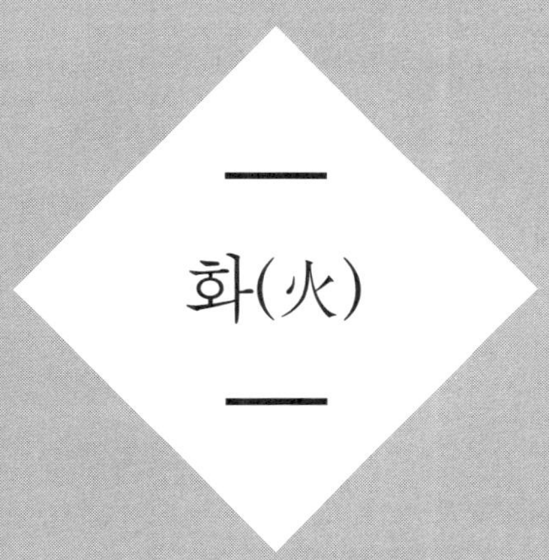

화(火)

목련 또는 봉준

얼마나 사는 게 갑갑했으면
알몸으로 뛰어왔을까
생살 헤치고 피어오르는
하얀 불꽃
선 채로 타올랐다

내일 건네기 위해
밀리면서도 부릅뜬 눈
앞세우고. 맨 먼저 찬바람 받았다
몇몇 괭이는 이미 어깨 아래로
자고 나면 무참히 줄어드는
내 수족 같은
저녁연기 향한 논둑길 아우들
미안하다. 잘 가거라

그는 뒤돌아보지 않았다
마을 한참 지나고 나서도

마름모꼴

저도 한때는 네모반듯한 정품이었을 것이다
누가 무슨 권한으로 지그시 눌러 버렸는지
주저앉기 직전이다
망가지기로야 맘먹을 일도 아니지만
더 이상 물러설 수 없다는 안간힘이 안쓰럽다
가파른 벼랑을 위해 장만해 둔 완만한 비탈
서로 손잡고 견제하며 굴러가는 화엄 세상처럼
일었다 스러지는 순환이 큰 틀 안의 사소한 일
무엇이 손해고 무엇이 이익이리
내 몫이 쪼그라든 만큼 네 신수가 훤해졌느니,
이 둥근 품성 하나 정리하기가
왜 이렇게 힘든 일이었나
하나하나 떼 주는 것이 곧 자연이 되는 길
윗변 아랫변 손잡고 왔던 곳으로 돌아가려 함인가

평평한 고요
이 세상 누구도 그 적막은 모른다

돼지의 자유

날개가 하늘을 나는 것은 새의 자유
말발굽이 들판을 가르는 것은
두말할 것 없이 말의 몸부림이다
새처럼
말처럼
꼭 날고 뛰어야만 실존이냐
비계는 무지막지 꿀꿀거린다
먹고 또 먹고
우리에게 이 이상 숭고한 이념은 없다
찬란한 진주보다 한 바가지 구정물이 더 값진—
그러므로 나는 피둥피둥 찔 것이다, 대책 없이
미련하다, 웃지 말라
간사한 입맛의 경계
부위별 철저히 망가지기 위해
오늘도 바닥을 버둥거린다
한사코 무엇으로 제공되어야 이름값 하는
이 뭉클한 버팀, 용서하라

겨우 백 근 남짓이다

파종(播種)

세상 누군가 때 되면 거두지 않으리
새벽 종소리

휴일. 웃기는 나의 우주

나의 머시기는 하나님 만나러 교회
거시기는 참한 꽃 꺾으러 들로 산으로
모처럼 팔 벌려 개헤엄 치며 뒹굴다
편한 것은 가장 낮은 곳에 있음인가
바닥으로만 내려가면 왜 이렇게 놓이는지 몰라,
이런 것이 자유라면
왜 목숨까지 걸고 그것을 달라 했을까
누가 주는 것이 아니라 내 안의 본래 그것인데,
별 싱거운 생각을 다 하며
밀린 세상 뒤적거리다 한 방으로 끝내주는 야구 중계에
저렇게 빛나는 삶도 있구나, 착실한 꿈 덩달아 부풀고
민속 씨름에 불끈 솟아오르는 근육들
나도 한때는 백두급 장사였노라
몇몇 미녀 탤런트들과 눈도 맞추고
절대 소문 안 나게 블라우스 단추도 끌렀다
갈고 다듬은 내 이성이라는 것이 결국
지성보다 훨씬 낭만에 가깝다는 사실만 확인하고
습관성 장난감 밀쳐두다

파, 달걀, 라면. 성찬인가, 형편인가
저들끼리 냄비 속에서 갈등하는 잠시

거창하게 우주를 생각한다
누군가 처음 놓아둔 그대로 꼼지락거리고 있거늘
어떤 이는 물방울 속에 들어 있다고— 그럼 둥근 것이냐
며칠 만에 주물럭거려 놓았으니— 울퉁불퉁
남보다 좀 색다르게 사각이라 한번 우겨 봐
그들과 수평 관계로 거룩하게 이동시켜봤지만
어느새 두 젓가락 사이를 걸친 시시한 건덕지
허기진 우주로 꼬불꼬불 넘어가고 있었다

언제 적부터 간섭하려 드는 안드로메다 밖의 절대도
이렇게 한심한 것인 줄 모른다

두드려라

종은 저절로 울리지 않는다
간절한 마음 없이

해장국집에서

아직도 창창한 생을 푸는 것으로 끝장 보려는
중소기업 사장, 기업 간부가 된 동창생들의
죽음도 마다 않는 끈끈한 우정과
고뇌를 안고 살아 가기는 얻어먹는 나나
사는 저들도 얼추 비슷하다는 사실을 확인하고
50년 전통을 자랑하는 할매 해장국집으로 향했다
어쩌다 저질러진 살아가면서 부끄러운 일들
잊고 싶은 기억의 밤은 지나갔지만
무엇으로 풀 것인가, 쓰라린 공복의 아침
뜨거운 것이 왜 시원한가
알만한 사람은 다 아는 그 속사정 훌훌 마시고
게으름처럼 떠오르는 소머릿살 한 점 건져 올린다
절반은 간데없고 반만 남은 코뚜레 부근의
뻥 뚫린 생살의 과거
외다리 건너기 위해, 등짐 진 비탈 오르기 위해
누군가 손에 휘둘리진 고삐 끝의 아픔도 있었을 것이다
뚜벅뚜벅 걸어온 코 낀 일생
절대와 맞서 견뎌낸 굳은살의 저항을 베어 물지 못하고
바라만 보았다

증명사진을 찍으며

때로는 주체할 수 없는 이 한 물건
금 밖으로 굴러가고 싶어 하는데
가로 3cm 세로 4cm 칸 속에 반듯해 보이라 한다
먼지 하나 슬쩍 얹어두면 될 터이지만
절뚝거리며 걸어온 길, 어찌 알았는지 고맙게도
상반신의 진실을 담아 오라 한다

왼쪽으로 기울어진 삐딱한 고개야 그렇다 치고
사람 헷갈리게 하는 사시는 어찌할 것인가
번쩍이는 으름장 앞에 깜박해버린 지난 일들
과거란 이름으로 잠깐 찡그리고 말겠지,
머리 위쪽 사정만큼 애매한 것이 없다고 믿어왔는데
누군가 저리 밝게 꿰뚫어 보고 있음에야
입술에 침이나 바르고… 쓰다 남은 가책이었는지 모른다
없는 것을 증명해 보이는 것만큼 진땀 나는 일도 없다
아무리 찬물에 헹구고 헹궈도… 거참 이상한 일이네
고개를 갸웃거리며 암실에서 나오는 사진사가
내민, 인화지에 억지로 구겨 넣은 내 본모습
온통 검다

다시 합시다

환한 진실이 제대로 박힐 때까지,

처음과 끝이 한 찰깍인데 어떻게 다시 시작한단 말인가

참으로 난감할 수밖에

천망(天網)

누가 이렇게 큰 經을 하늘에 펼쳐 놓았을까
자비이거나 되레 왼뺨 내미는 사랑 같은
한 획 한 코가 구만 리 성긋성긋한 저 두려운 鏡
바닷가 오두막 주먹코 영감이 밤새 짰다던가
산비알 혹부리 영감이 어디서 주워 왔다고
하지만, 함부로 머리 둘 수 없는 것을 보면
누군가 불 밝혀 잘 손질해 놓은 것만은 분명하다. 어찌 아는가
모른다, 했을 때 이미 모르는 것이 아니다. 난감한 진실처럼
했건만 들리지 않는 간곡한 말씀
내밀었건만 잡히지 않는 넉넉한 손길 두고 거기
개울 하나 훌쩍 건너뛰듯 쓱싹
가린다고 꼭꼭 가려지는 일이라면
지운다고 쉽게 지워지는 일이라면
뒹구는 생의 짐으로 괴로워할 자 없을 것이다
알게 모르게 넘나든 이 부끄러운 境
고래만 걸려들고 송사리는 요행히 빠져나가겠지
내 하찮은 허물, 사바사바 위로받고 싶은가. 아직은 이쪽
돌 틈새 겨자씨 하나 허투루 관리하지 않는 절대 앞에
고래보다 작은 송사리는 없다

* 天網灰灰疎而不失 : 하늘의 그물은 넓고 성긋성긋하지만 무엇 하나 놓치는 법이 없다. 老子.

사회는 어머니다

알에서 갓 태어난 솜털 보송 새끼 오리들
수십 미터 아찔한 나무 둥지에서
처음 맞닥뜨린 까마득한 벼랑에서
주저 없이 뛰어내릴 수 있는 것은
괜찮아, 괜찮아, 보듬어 주는
엄마 오리에 대한 믿음 때문이다

북경반점 앞에서

전생에 무슨 대역죄를 저질렀기에, 오리 몇 마리
한 점 의혹 없이 속속 파헤친 채 목매달려 있다
탐욕으로 채워진 기름진 기억을 실토하듯
화탕 지옥 고문당한 듯 땀 뻘뻘 흘리고 있다
비록 뒤뚱거렸으되 오물에 발 담그지 않았을
오지랖 넓은 갈퀴 하나로 험한 세파 헤쳐왔을 것이고
빈손. 가히 부끄러운 삶이 아니다 질리게 실천한 선대의 유산
간편한 주걱으로 새끼들 허기를 먼저 채웠을 뿐
홀가분한 곳간에 뒷것으로 시비 걸 일 없으니
함께 잘 먹고 잘 살자는 살찐 사상이 그리 무엄했나
슬금슬금 다가오는 발톱 숨기고 자연이 평화스러운 것은
조금 내주고 대의를 지키자는 불문율이 있었기 때문이리
체념인가, 희생인가, 떵떵거린 입맛대로 난도질당할 운명
집안은 풍비박산 멸문지화를 겪었을 터
무엇이 목숨 걸고 아닌 것에 꽥꽥거리게 했을까
세상과 동석이 불편할 때마다 내뱉던 어색한 헛기침 같은
풍찬노숙에도 꺾지 않고 가슴으로 써 내려간 문장들
물 위에 새긴 역정인가, 빈 들녘에 번지는 강물 소리 춥구나
돌아가리라, 정해진 법도는 누구에게나 공평한 것
왜 싸고 맛있는 것은 꼭 해롭고 하지 말라는 것은 다 재미있는 것일까

어기고 비축해 둔 풍만한 추억 거르고 걸러낸 바삭한 내용
기꺼이 부실한 저잣거리 기운 북돋우는 데 일조했으니
만고의 어느 절대인들 다음 생은 참작해 주지 않으랴
누가 있어 고이 거두어 줄 것인가
한 길 모르는 깜깜한 자맥질로 하루를 일궜던 숨찬 연명을
휘어지되 결코 꺾이지 않았다, 설만 무성한 갈대밭을 지나며
제대로 날아보지 못하고 퍼덕거리기만 한 애쓴 생애를

토막 난 일대기는 그 시대의 큰 양심일 거라 짐작만 했다

위장 내과에서

내시경 받기 전날

비우니 이렇게 편안한 것을…
내 생애에서
가장 깨끗한 한때였다

내시경 받은 후

물고문으로 시작해서—
생살여탈권 쥔 감히 어느 안전이 이만했을까
좋은 말 할 때 순순히 털어놓으라
그는 살살 달래기도 하고 윽박질렀다
간혹 푸짐한 호사에 허기진 생을 달래려 허겁지겁
복무 중 내 몸 제대로 관리하지 못한 배임일지 몰라도
뱃살 늘리는 느끼한 착복이나 횡령은 당치도,
단지 전과가 있다는 이유 하나만으로
무고한 시민을… 염치없이 항변했지만
열 권도 더 썼을 파란만장 삼국지도
제아무리 날고뛰던 왕년도 한 방이면 족했다
죽었다 깨어나는 것이 바로 이런 것이리

한 치 앞도 모르는 생을 더욱 깜깜하게 묶어놓고
누적된 비리엔 성역은 없다
특별 전담반으로 수사력을 총동원했다
발본색원하라, 혈안이 되어 샅샅이 뒤졌다
그래, 털어서 먼지 안 나는 자 누구냐
그나마 구차한 삶을 지탱해 온 위장술 곧 드러날 테고
필시 속마음까지 꿰뚫어 보리라
살아오면서 저질러진 부끄러운 일들 조마조마했다
빈손으로 산다는 것이 죄악인 풍요로운 이 시대에
누구 말마따나 못난 무능일지라도 '이 쓸쓸함' 얼마나 다행인가
끝내 구속할 만한 증거 확보하지 못한 채

혐의 사실 없음

다시는 이런 곳에 들락거리지 말라
환하게 웃으며
속 편한 세상 속으로 방면해 주었다
한 점 의혹 없이 어떤 물증도 남기지 않은 나는
위대하게 다시 태어났다, 아무리 먹어도 탈 없는…

삼계탕을 먹으며

삼양라면에 계란 띄우고
삼계탕이라 위로받으며 쓸쓸해 한 적도 있지만
훌쩍 커버린 기름진 세상
제대로 된 삼계탕인들 보신 축에 끼겠는가
복날, 섭섭하다는 핑계로 삼계탕집을 찾았다
뻘뻘 흘리며 넘긴 보양보다
뱉어 놓은 오염이 더 수북한— 그래서 먹은 것 같잖게
속았다는 기분이 드는 것은 나뿐일까

모가지를 비틀어도 새벽이 온다던 민주투사
맡겨만 주면 엄청 빛날 것 같던 선생님
겨우 제 새끼들 배나 불리고 똘마니들 챙긴 다음
고작 한다는 짓이 저금통 까먹고
곳간 열어 인심 쓰는 일이 필생의 숙원이었던가

대신 싸워주는 것이 고맙고 허전한 마음 메울 길 없어
고향 형님처럼 기대고 싶던 시대의 삼 김씨
역사의 무대에도 저마다 역할이 따로 있는 법
맨주먹으로 대들던 영웅 그대로였으면 차라리 좋았을걸,
체질도 세월 따라 간사하게 변하는가
이제 삼계탕의 삼자만 들어도 알레르기 반응이 일어난다

금 간 종

너무 세게 쳐서 아픈 것이 아니다
더 멀리 보내지 못해 안타까운 것이다

겨냥

- 어느 피아노 독주회

그가 쌍권총 차고 등장했다

일상을 괴롭혀 온 악당들 물리쳐 주리라
마을 사람들 한낮의 정적을 주시하고 있었다
이생에서 저생으로 정중하게 안내해 주는 막강한
무지막지, 가벼운 놀림으로 빙빙 돌려 보기도 하고
헐 빈한 꿈들을 향해 몇 번인가 가늠해 보더니
음률 장전
풀벌레 한 마리 어쩌지 못할 섬섬옥수
여차하면 뇌살시킬 심산으로 혼신을 방아쇠에 얹고
산을 타기 시작했다
개울물 쫄쫄 계곡 따라 번지는
들꽃 만나, 만개한 사랑은 곧 지리라
제 다짐으로 인사 건네기도 하고
풀잎에 맺힌 가락 황송하게 목 축인다
덤불 헤치고 쓰러진 고목 타고 넘는다
이제저제 정상이 보이는 어디쯤
너는 너, 나는 나, 뼈저린 애정일지라도
황량한 들판 함께 일구는 호미 된다면
다 풀어헤친 뒤끝처럼 한없이 나른해지는 평화인 것을
우리들은 언제까지 팽팽한 흑과 백인가,

마저 넘지 못하고 지친 영혼 깨어나도록
신명 나게 쏘리라, 마련한 내공 힘껏 당긴다
따당 땅땅
봇물 터지고 폭포 쏟아져 내렸다
노곤한 삶들이 활력 튀기며 일제히 숭어 되었다
선율 낭자한…

그는 생과 사의 경계를 넘나드는 무법자였다
황홀한 악마였다

재벌 회장과 자전거 고치는 남자

세상이 참 고마운 것은 책이나 성인을 통해서뿐 아니라
곳곳에서 살아가는 이치를 일러준다는 사실이다
어느 재벌 회장이 투신으로 생을 마감했다는
뉴스에, 착잡한 심정 가눌 길 없는 출근길
그럼 우린 뭐냐, 아랑곳없이
낡은 자전거에 매달려 있는 남자를 보았다
벗겨진 체인을 바로 잡으려 쭈그리고 앉아
이생에서는 더 이상 움켜쥘 것이 없는 것처럼
콧물까지 들이키며 땀 뻘뻘 흘리고 있다
팽팽한 바큇살로 굴러가는 맨날 그 하루
온몸으로 바람 가르는 그런 신나는 일 어디 없을까,
녹슨 세월에 3단 기아 넣고
고달픈 삶의 무게로 곧장 달려가 봤자
몸담고 있는 회사 사장의 만분의 일이나 될까 보냐만
죽도록 쌓아 올린 15층 높이가 여차하면
자전거 다 고치고 난 뒤 땀방울 훔치는
그리고 휘파람 불며 페달 밟는 행복만 못하다는 것을
공맹으로 새기고 싶은 세상

때로는 탁 놓아 버리는 용기도 필요하다
큰 것 하나만 빼고.

추억을 흔들어 보는

그날까지, 멈출 수 없는 약속이 있는 것일까
애써 잊지 못할 사무침이라도 있는 것일까
도금 벗겨진, 줄도 헤진 태엽 시계를 꺼내 들고
어떻게 안 되겠느냐 백발의 청춘이 매달린다
밧데리나 후딱 갈아주고 생색내는 내 짐작으로는
너무 오래된 남의 사생활은 되살릴 수 없음을 고백하자
낡은 시간을 손바닥에 두들겨 살살 달래 보기도
흔들어, 애타게 귀 기울여 보기도 하지만
운명처럼 갈라진 손금 위에 맺힌 홍점이 지워질 때까지
그 시절의 숨가쁜 박동이 잠시 되살아날 뿐
왔으면 가는 것이 우리들의 마지막 소임인가
놓아버리는 것에 대한 아쉬움은 순간이었다
죽고 사는 것이 제 팔자소관이라면
죽이고 살리는 것 또한 내 영역 밖이라
새것으로 장만하면 어떻겠느냐, 은근히 권했더니
추억을 살리고 싶다
시든 속사정을 흔들어 보는, 계속 흔들어 보는…
죽었어도 아름답게 깨어있는 그리움이
살아있는 자들의 절대와 그 가변성을 질책한다

누룩

차마 눈 뜨고 볼 수 없을 때

세상은, 취하고 싶은 것이다

척추를 다스리며

척추가
내 몸을 지탱해 주는 줄 알았는데
드러눕고 보니 알겠다
몸이 척추를 받쳐주어야 한다는 걸
마르고 닳도록, 그 직립을 위해
벌린 손 거두고 이것이나마 보태
튼튼한 중심을 장만해야 한다는 걸
엉금엉금 기어보니 알겠다
한번 삐끗이면 곤두박질 세상
제 발로 서서 산다는 것이 얼마나 다행인가
멀쩡한 사지 두고
손 얻고 발 빌려 머리 조아리는 이 오죽

고장 난 백두대간

용한 침 몇 대로 될 일이라면
그럴 일이라면

대포

누구나 다 한두 개쯤 지니고 산다
부실한 몸, 헐렁한 거죽일수록
삐까번쩍한 연장을 마련해 두고 싶은 것이다
한 방에
어떤 성채도 무너뜨릴 수 있는
어떤 거만도 제압해 버릴 수 있는
그런 격정을 펑펑 쏘아 올리고 싶지만
누가 변죽만 요란한 내 몸짓에 속아 주겠는가,
날리는 원죄에 눈 흘기지 말라
빈틈 과녁이 있기에 시위를 떠나는 것이다.
한바탕 쏟아부어야 수그러들 기미가 엿뵈는
불끈불끈 앙천의 거시기
세상을 향한 감언이설의 머시기
짧은 밑천 때문인지 몰라도
한사코 헛방으로 끝나고 만다
누가 있어 달래줄 것인가
오늘도 구석진 어느 곳에서
삶이란 이름으로 들이키는 컬컬한 이 한잔
벌컥벌컥, 이마저 없었다면
돌아가는 골목길, 얼마나 쓸쓸할 것이냐

平和를 위하여

호미

아래로 구부러지기 전에는
사정없이 찌르는 창이었다

낫

한풀 꺾이기 전에는
마구 휘둘리는 칼이었다

* 平和 : 쌀(禾)이 입(口)으로 공평(平)하게 들어가야 다툼이 없다.

기마 자세

신병훈련이라는 것이 그렇다
중간에서 서서 남들 하는 대로 따라 하면
사람 진 다 빼는 제식훈련도
두 팔 쫙쫙 벌려 보폭만 맞추면 그만이고
고지 점령 각개전투
뒷산 오르듯 등산하는 기분으로
정상에서 고함 몇 번 지르는 것이 고작이고
견적필살 무시무시한 사격술
실탄 장전한 실제 상황이고 보니
조교들도 어쩔 수 없는 노릇인데
단 하나 총검술만은 어물쩡 넘길 수 없다
찔러, 찔러, 좌로 돌아 찔러, 우로 돌아 찔러
남들은 다 우로 도는데 나만 좌로
상상해 보라, 까이고 까이는 내 정강이
나도 정말 공산당이 싫어요
이때만 내 인생에서 싹 지워버리고 싶었다
지금도 뚜렷한 총검술의 기본인 기마 자세
정작 기마의 말뜻을 알만한 놈들은
아비 잘 만나 승마장에서 깔쌈한 것 옆에 끼고
세상 희롱하고 있는데
우리들은 고급스런 기마의 그 뜻을 몰라

이리저리 몰리며 전우애를 쌓고 있었다
차라리 엉거주춤 머 누는 자세라면 좋았을걸
말 한번 못 타본 우리에게 기마 자세라니
그래, ㅇ통수는 불어도 국방부 시계는 돌아갔다
푸른 제복이 지켜주는 우리들의 평화
그것을 제대로 이해하기까지는 한참 걸렸다
그때는 정말 죽고 싶었다

2002년, 껌값 사회학

하도 억, 억, 하기에 무너지는 억장을
초등생 딸에게 물었다
제 인생을 셈하기엔 손가락 열이면 족하다 했다
태권도가 초단인 10학년 아들은
세상이 슬슬 무서워진다 고백했다
막 설거지 끝낸 마누라는 대뜸
복권에 당첨됐느냐, 쓸쓸하게 웃는다
*신문을 패대기치듯 덮는 이웃 아저씨
그런 건 돈도 아니라고 핏대 세운다
껌값이란다, 용돈이란다

아무렇게나 뱉어버렸던 그것이
보통과 곱빼기 사이 오락가락했던 그것이
억, 億이었다고, 그럼
나는 너무 헤프게 살아오지 않았나

노동 끝에 오는 꿀맛 같은 잠이 행복이라는
것을, 접어야 할 오늘
그 달콤한 권리를 되찾기 위해, 이불 속에서
백만까지는 어찌 꼽아볼 수 있을 것 같지만
그 이상은 모른다

내 경제의 한심한 단위

껌값에서 얼마를 더 깎아야 실존이냐

* 봄, 대통령 아들에게 용돈 하라고 몇천만 원을 수시로 건넸다는 비리 사건에 세상이 떠들썩했다. 저급 백만 원 노동자가 수두룩한데 용돈으로 몇천만 원. 몇천만 원이 용돈, 껌값이면 백만 원은 포장지 값이다.

빈 병의 꿈

화장도 지워지고 이제껏 쌓아 올린 명예까지 희미해져
근본이 의심스런 병 하나
누군들 잘 나가던 한때 없었겠냐, 잊어주란 듯
뒹굴고 있다, 산뜻한 재생을 꿈꾸며
아무리 주책없이 가벼워졌을지라도 바람 부는 의향대로
결코 굴러가지도 밀리지도 않으리라
투명이 전 재산, 비우니 이리 홀가분한 것을

누군가 분풀이로 내쳤을지라도 깨지지 않을 만큼 양보했을 것이다
뼈대가 온전한 것을 보면,
돌부리에 몸 부딪혀 학대한들 제 생을 마감할 만큼이겠는가
나 여기 있소 외치는 것을 보면,
살아오면서 베풀고 사심 없이 건넨 것에 대한 보상 바라기보다
다시는 한 방울도 허비하지 않으리라 다짐인 것이다

바닥까지 들어나 자존심 상한 저 빈 것
제 이름표 하나 제대로 간수하지 못한 하찮은 저것
온몸 기울여 몽롱한 첫 추억을 장만했을 것이고
세상이 결코 만만하지도 더더욱 달콤하지도 않음을

쓰디쓴 충고로 톡 쏘아 깨우쳐 주었을지 모른다

삶의 무게가 비 오듯 쏟아지는 벌판에서 시원한 한 줄기
늘 바랬던 것, 이렇게 작은 것으로부터 비롯되는 것을
거대한 폭포 앞에만 서성거리고 있지 않았나
너를 빌어 썩은 세상 무자비하게 도려내고 탕탕 해치웠지 아마
쓸쓸히 접어든 갈지 자 골목길, 내일을 부추겨 주는 동반자였다

복무 중 어느 길목인들 목마르지 않으리, 갈증 풀어 줄 한 모금
명, 청량하거나 쓰디쓰거나

소머리국밥을 먹으며

언제 한번 이렇게 진지하게 살아본 적 있었나
그저 따끈한 뚝배기 한 사발에
허기진 오후의 생을 박고 콧물까지 들이켜는,
오늘 하루를 이런 식으로 위로받고 싶었는지 모른다

부른 것만큼 확실한 실존도 없다
배 두드리는 이 거만
차림표 아래 10불로 명시되어있을 뿐
자연법으로 따지면 무엇으로도 정당화될 수 없는데
마지막 남은 건더기를 건져 올리며
인간과 소, 소와 인간의 관계를 설정해 본다

소들이 지배하는 소 세상, 인시장 주막집
'얼룩 아줌마, 여기 사람 머리 국밥 하나 말아 주세요'
'움머, 옴머, 사람 머리 국밥 하나 추가요!'

외롭고 고달픈 내 영혼 천공을 떠돌다
남의 살 함부로 질경질경 씹은 벌로
불 달군 석쇠에 얹어 지글지글 볶은 죄로
소가 만물의 영장인 소 나라로 끌려가게 될는지 모른다
가서, 온갖 것 다 뒤집어쓰고도 아무렇지 않은

덕지덕지 묵은 이승의 때 말끔히 씻기고
누구의 여물거리를 위해 부위별 잘리고 발가져서
몇 밤을 뜨거운 가마솥에서 속속들이 울궈질 것인가

이왕이면 젖소 부인의 밥참으로 올려지고 싶다

하청업자

닳고 문드러진 내 지문 절반은
공사판에 바쳤고
나머지 반은 비벼서 날렸다
넨장…

* 쓰레기 만두 속을 놓고 너무 흥분하지 말자. 양심이 없다느니, 먹는 것 가지고 그러느니. 그들이라고 왜 양심이 없겠는가, 왜 품질 좋은 제품을 만들어야 한다는 것을 모르겠는가. 멀쩡한 다리가 무너지고, 생떼 같은 백화점이 왜 폭삭했겠는가. 기술이 부족한 것도 아니고 감독할 관계 기관이 없어서도 아니다. 본업보다 손 벌리는 일이 본업이 돼버린 부패 공화국의 한 단면인 것이다.
바쳐야 일이 성사되고, 먹어서 상납하고… 그것을 능력이라 인정하는 사회, 그런 슬픈 것을 챙겨서 그것을 성공이라 뻐기고 사는 세상인 것이다. 어떤 자리에 있었을 때, 손 벌린 적이 없었는가. 내심 바라고 은근히 압력을 넣은 적은 없었나. 만두소 납품 받는 담당자인 남편에게 무능하다고 바가지 긁은 적 없었나, 그리고 쓰레기 만두 사건이 터지자 납품업자에게 못된 놈 죽일 놈 핏대 세운 적은 없었나… 그렇게 빠져나간 원가가 끗발 좋은 분들의 안락한 삶이었을 것이고 윤택한 생활이 되었을 것이다. 단가를 맞추기 위해, 살아남기 위해. 시멘트를 줄이고, 철근을 빼고. 쓰레기로 만두 속을 채워야 했을 것이다. 그래도 부족하면 한없이 비볐을 것이다. 나는 확신한다. 결코 떵떵거리며 잘살기 위해 사람들 마음속을 뒤집어 놓은 것이 아니라는 것을, 간수해야 할 식솔들 월급이나마 제때에 주기 위해 저도 괴로워했을 것이라는 것을.
모든 것을 뒤집어쓰고 한강에 뛰어내린 그 만두 속을 만들던 쬐그만 사장의 큰 양심을 눈물로 애도한다. 돌아보라, 찬찬히 돌아보라. 우리 모두 공범이다. 쓰레기 만두를 먹어도 싸다.

풍(風)

봄밤. 섬진강

무엇이
이리도 만방 지게 하는가

짐짓 물러난 산등성
왁자히 번지는 환한 한때

세상사 여기까지

달빛 풀어 밑줄 긋다

아주 허름한 우주

한 생애가 착실히 빠져나간 듯 허물 벗은 듯
속물 덜어버린 옷 한 벌 벽에 걸려 있다
오늘도 온몸 숙제 끝내고 덤으로 홀가분하다
이제 와서 내 면피용 사랑이 듬뿍 깊은 들
더운 기 다 빠져나간 뒤 거듭나는 성자의 모습으로
놓아둔 그대로 저만큼 숙연할 수 있을까
한때는 너를 빙자하여 내 세상인 양 활보하였고
깃 세우고 허세 부린 적도 있었건만
누구의 손길로도 위로할 수 없는 너덜해진 밑단
축 처진 뒤에 따르는 순서가 꼭 후회스런 것이라면
근거 없는 동풍에 매달리고 서풍에 두서없이 고개 디밀던
나는, 고통 끝에 올려지는 깃발 하나 없이
불 때마다 너무 헤프게 나부끼지 않았나
문자 대신 향으로 설득하는 고전 읽듯
막무가내 보수로 빛바래 가는 헐렁한 처지
누군가 입혀준 따뜻한 가호 속에 고백하건대
한쪽 열어둔 속내 자유보다 꽉 낀 불편함이 내 밑천이었음을
들숨과 날숨 그 사이가 찰나였고 겁이었음을

벼랑 끝 나비 한 마리

흰 구름

가던 길 멈추고 돌아볼
그쯤에서
굽어보는 안타까운 마음 있어
바람으로 떠돈 몇몇 해
그다지 외롭지 않았으리

좌절하지 말라
뻐기지도 말라

너나없이
그렇게 흘러가는 것
그리고 사라지는 것

버리고 또 버리면
버린 것만큼 행복할 거라
몸소 홀가분한 하얀 일생

이제 와서
무엇을 더 그리워하고
그 무엇을 아쉬워하랴만

가끔 돌아보고 싶은

그런 사연도 있었어라

겨울밤

함박눈이 내리고
여적
아버지는 돌아오지 않았다

뒷산 여우 울음소리
점점
흔들리는 호롱불 아래
할머니 옛이야기
홀연
끝을 맺지 못했다

바람결에 실어오는
먼 데
종소리에 기대어
함께 손 모았다

서투름에 대하여

뒤뚱뒤뚱, 오리의 잘못이 아니다
세상 바닥이 고르지 못하기 때문이다
아장아장, 넘어질까 염려하지 마라
처음 것은 다 서툴다, 다음 생을 굳게 다짐하듯
어떤 경지도 첫 걸음마부터 시작한다
청춘이 불편할지라도
놓지 않으면 평평한 운동장에 오를 수 있다
에베레스트는 한참 아래다

가는 빗소리

귀 기울여야 비로소 들리는,

젖어
누가 울고 있다

세상과 부딪혀
누군들 아프지 않으리

아름다운 비밀

여보, 당신 첫사랑은 누구였어요.
음, 그야 물론 당신이지.
물어보는 당신은, 나도 당신이지… 뭐

드러나서 문제가 되는 것이 아니라
누구나 다 혼자만 간직하고 싶은 사연 하나쯤 있다
그것이 빛나지 않아도 아름다운 것은
언제든 찾아가 만날 수 있는
나만의 열렬했던 지도가 있기 때문이다
대개는 근지러운 입 참지 못하고
좋은 오늘이 항상 그날인 줄 알고 털어놓지만
대놓고 외칠 수 없는 은밀한 것일수록 오래간다
이제야 꼼짝없이 누구의 누구인지 몰라도
한때, 죽고 못 살던 내력이 있을 수도 있지 않느냐
들판을 뛰놀던 망아지적 자유
아무렇게나 핀 박꽃보다 더 작은 그것이 나에겐
왜 그토록 큰 우주로 다가왔는지 몰라
애써 알려고 하지 마라
제삼자가 끼어들면 끼어들수록 너덜너덜해지는
끌어 올려 감추고 싶은 서투른 생애의 속옷 자락
살아가면서 속상할 때나 너로 하여금 쓸쓸해질 때
촉촉이 젖어 드는 위안이라 해 두자

어떤 공사

세상에서 제일 높은 빌딩을 세울 거야
산동네 뒹굴던 어린 소망은 야무졌다
모처럼 배부르고 등 따순 아버지 어머니
끙끙 원자재만 날라다 주셨지 다음은 내 몰라라
끝에서 두 번째, 맘먹고 벌린 공사는 아닌 것 같다
벽돌 한 장 차근차근, 못 하나 꼼꼼
누군들 모범 설계도 쥐고 시작할까 보냐
3 : 2 : 1, 닳아지도록 불꽃 튀는 삽 끝의 버무림
언제 한번 이렇게 단단한 생을 비벼 본 적 있었던가
나는 이 층부터 쌓아 올렸다
산자락 살면서 푸르름 닮아 본 적 없고
바닷가 서 있으면서 물 한 방울 보탠 일 없이
앙상한 뼈대 위로 덧칠한 청춘만 흘렀어라
세월이 시비 건 틈새로 시린 바람 드날리고
층마다 삐걱거리는 폼이 찌푸린 하늘만큼 수상하다
이제 남은 몇몇 정거장 거기까지
버팀목에 기대어 신세 지고 싶은데
후 불면 금방이라도 무너져 내릴 듯 부실한
추억 168층, 이 날림 어쩐다

손

모든 평화

먼저 내미는 이 작은 것으로부터 비롯되었음을

길

봄볕처럼 후딱 스쳐간 이십 대
왜 그렇게 그리운 것이 많았는지,
가만 앉아 있어도
남해 푸른 파도 몰려와 간살 떨고
내장산 단풍 저 혼자 시들기 억울하다
새털구름 엽서 기별해 와
안 그래도 설레는 가슴 얼마나 뭉클했는지,
사랑하는 사람이 이처럼 그리웠으면
벌써 병들고 말았을 푸르른 편력의 계절 나는
바람 팔고
구름 저당 잡힌
발바닥 몸살 나게 근지러운 사이비였다
없는 상처 있다고 박박 우기며 오지게 돌아다녔다

선술집 문틈으로 엿보던 항구의 불빛
적시기엔 낯설고
나는 까닭 없이 비린내 풍기며
바다가 그리운 이에게 싱싱한 소식을 전했다
푸른 출렁임을, 아직은 그런대로 퍼덕거리는 자유를,
무엇엔가 사로잡혔을 때 본래 그것은 얼마나 찬란한가
드문드문 지워진 하얀 갈치 배때기가 일러주었다

외롭다고 떠난 어느 건방진 길목에서
나는 더 외로웠다
다리가 뻣뻣해지면 떠나온 곳이 그리웠다
이제 그만 접고 돌아가야 한다고 망설일 때
집은 내 마음 다한 한쪽 끝에서 다시 펄럭거리고 있었다
길로

본성을 찾아서

고등학생 때인가, 확실한 기억은 없지만
등대지기가 되고 싶었다
뭐 거창하게 험한 뱃길을 밝히는 밤바다 파수꾼이라든가
홀로 견딜 수 있는 자기 성찰의 임계점은 어디인가
순수한 동력의 출발점? 단순하게 참으로 편리하게
등대는 밤일이라 낮에는 할 일이 없을 거라 여겼고
밤이라 해봤자 호롱불 켜듯 심지에 불붙이는 일일 뿐
누구 하나 간섭 없이 지상의 한 철 지내기 그만일 거라,
매사 세상 일을 만만하게 본 습성이 된통 당하게 된 빌미가 되었겠지만
아무튼 깊은 산골 도라지만큼 널린 유혹을 떨쳐버릴 수 없었다
낮엔 세상 구석을 어슬렁거리다 심심풀이 낚시나 하고
무언가 크게 한 방 걸릴 거란 기대는 저버릴 수 없겠지만…
별정직 관리로 월급은 따박따박 여착 없을 것이고
낮잠 늘어지게 그늘에 널어놓은들 덧없는 근간에 흠이 가는 것 아닐 바
심심파적으로 흘러가는 구름이나 희롱하며
또 바람 불면 부는 대로 이 몸 외딴 자연에 맡겨 두고
외계인이 보낸 전파인 양 파도에 실려 온 자잘한 저들 소식
너들끼리 세상 뭉개며 살아라 무시하면 그만일 터

새나 토끼, 개구리 하다못해 개미라도 불러 모아
지각없이 살아도 하등의 비난 받지 않는 방법을 배우며
내가 너희인지 너희가 나인지 허물없이 한통속으로 지내기를
거창한 삶의 목적, 아무 생각 없이 빈둥거리며 사는 것
익숙한 것보다 낯선 것이 문득 새삼스러워지는
내면 깊숙이 자리한 인간의 본성을 확인하고 싶었다

사소한 일로 덜컥 세상과 끈질긴 관계라도 맺어버리면
왠지 그 골방에 갇혀 필생 허우적거릴 것 같았다

그 항구에서 하룻밤

다리가 뻣뻣해지기 시작하면
배가 고팠다
작은 불빛이 새어 나오는 곳으로
무작정 걸었다
여기가 거긴가, 거기가 여긴가
닻을 내렸다
두런두런 푸른 출렁임
비린내 났다
낯선 것 하나하나 익혀나갔다
사랑이라 했다
미움만 한 애정이 어디 있느냐
잠들지 못했다
너는 나의 무엇이었고
나는 너의 무엇으로 남을 이유도 없지만
잠시 머물다간 이 작은 별에서의
추억이 지워질 때까지
손을 흔들 것이다

잘 있거라, 항구야

기다림에 대하여

찾으면 꼭 없는 것처럼
무엇이고 기다리면 좀체 오지 않는다
오지 않아 더욱 안달이고
때로는 희망이란 이름으로 달래주지만
어떤 것은 자취 없이 흐지부지 사라져버린다
간이역 대합실 벤치에 지친 무게 내려두고
건져 올려야 할 그 무엇을 기다리는 것이 아니라
시린 세월 뼈저리게 부대끼며
어쩌면 그냥 얹혀 있는 것인지 모른다
어디론가 곧장 뻗은 야속한 편도 위로
휑하니 스쳐간 그 무엇을 바라보며
손 든다고 아무나 태우는 것이 아니라는 것을
정거장이라고 기차가 다 서지 않는다는 것을
이제 와서 허망이라 말하지 말자
얼마나 벅차고 가슴 설레게 했던가,
쥐기 위해 갈고 다듬었던 것
끝내 오지 않는 것이 아니라 더디게 올 뿐
언제고 온다, 어떤 것은 죽어서라도 온다

또, 오지 않은 들

제주
김씨네 감귤밭에서

얼마쯤 떨어져 있어야 보고 싶을까
멀어지다 슬그머니 토라 앉은
거기, 사랑은 높이만큼 깊어져야 한다

망망 숲 우뚝 안기는 그리움 있습니다
성난 청춘 같은 바람
도도한 시대처럼 파도 몰려와도
끄떡 없는 삼다 공화국
훨훨 파랑새, 몸에 두른 흰 구름 접고
넉넉한 자락 뿌리내린 필생의 보답인가

탱글탱글 노란 삶이 익어가고 있습니다

싱그러움 절반은 남풍이 보탰고
반은 제 옷 입힌 햇빛이 맡아 키웠습니다
호미, 괭이인 듯 산천으로 굳어버린
평생 미안한 손 잠시 내려놓고
숨은 속 주렁주렁 벅찬 김씨
산다는 것은 나무 한 그루 든든히 키우는 일
무엇이 이보다 더 알찬 추억으로 자랄 수 있으리
고맙게 바라볼뿐 입니다
세월이 다져온 밭둑 우두커니 서서

팽개쳐 버린 혹시나

품었던 애정이 아직 식지 않은 로또 몇 장
역시나 길 위에 뒹굴고 있다
힘껏 쥐었다 맥없이 놓아버린 구겨진 사연
누구는 아름다운 세상일거라 굳게 다짐했을 것이고,
장미는 곁에 모란은 후원에 두고
나는 응큼한 짐이 되련다
누구는 훙건한 내일을 가불해 썼을 것이다
제 할 일 다 하지 못한 설부른 낙엽처럼
이 세상 헛수로 헤매는 것이 어디 저뿐이리,
웬만하면 몸으로 때웠던 청춘
땡볕에 담가 보았거나 찬바람에 적셔 본 사람은 안다
이나마 붙들고 있어야
그나마 사는 것이 덜 갑갑하다는 것을.
어찌 할 것인가
빠닥빠닥한 혹시나에 꼬깃꼬깃 삶을 묻고
밤새 불 밝혔을 저 허망한 황홀

속는 줄 알면서 속고 싶을 때가 있다

어느 날 저녁 담벼락 풍경

처자는 벽에 기대섰고 그 곁에 총각은
말 못 할 간절한 것이 충만해 있는지
사정 한 번 봐달라 추근추근 매달린다
제 지닌 넉넉하고 풍성한 것
베풀수록 새록새록 돋아나는 은혜로운 샘물
찔끔 눈 감아 주면 그것이 인연인 것을
소원 한 번 들어주면 그것이 적선인 것을
무슨 속사정 있는지, 야속하게 가로로 젓는다

누가 붙들고 가르쳐 주지 않아도
하느님 질수대로 구름 일어 비 내리는 것이고
우리 씨 뿌리는 이 땅 촉촉이 적시면
꽃 피고, 새 노래하는 날
어린 손에 빨간 풍선 매달고, 김밥도 싸 들고
큰맘 먹고 장만한 비디오카메라 둘러메고
지난날 굳게 맹세하고 다짐하던 그 담 밑을 지나
사는 것의 정답처럼 봄나들이 갈 것이다
그토록 토라지고 굴뚝같았던 흉금이 맹숭맹숭해지면
물 베기 끝의 앙칼진 용서를 위해
또 티격태격 소꿉장난할 것이다

처음 헤치고 지나가기가 힘들지
책임져야 할 길은 반드시 난다
가로로 흔드는 저 거부의 몸짓이 완강한 것은
내 몸 담글 그대 평생의 깊이를
무딘 도끼의 인내를 가늠해 보는 것일 거다
그대 가슴속 숨은 바다 일렁이고
그대 마음속 엎드린 산 솟구쳐 오르면
둥둥 북소리 울리는 이 천지간, 다음은 극락

잠자리 날개

고요를 간섭하는 것이
어디 낙엽뿐이리
잠자리 한 마리 다가와
내 오후의 사생활을 헝클어 놓는다
더 가벼워지기 위해
무거운 일생 잠시 접고
저도 일요일인가
흰 구름 몇 점 흘러가는
가을 텔레비전 보고 있다

가끔 햇살도 털며

아무리 하늘을 닮으려는
가난한 몸짓이라지만
더 이상 투명해 지면 곤란하다

旅人宿戀歌

이 세상에 없는 것 같지만 있는 것이 많고
있는 것 같지만 없는 것이 숱하다
가령 사랑한다는 흔해 빠진 진실이라든가
분명히 없는 천사
저마다 하나쯤 깊이 간직하고 살아간다
여자로 하여금 쓸쓸해질 때
어설프게 맺어졌던 첫 번의, 그 첫 번의…
싱그러운 햇살이었던가, 은은한 달빛이었던가
아무리 빛나던 과거가 있었어도
모든 여자에게 있어 첫 번은 꼭 남편이어야 하는…
겉으론 그래도 나 혼자만의 비밀은 달콤한 것이다

팔고 사고, 값대로 이루어진 공정한 거래도
때로 마음이 통하면 튼튼한 추억이 되는가,
불 꺼져 깜깜한 사연 헤아릴 길 없지만
정찰제 이상의 애틋한 마음 씀씀이 있었던가 보다
하룻밤 머물다간 싸구려 여인숙일 망정
나도 바람벽에 기대어 휘갈기고 싶다

아, 이름도 성도 모르는 천사여

입. 무성한 소문의 진상

누가 저토록 부드러운 악마를 맨 처음 열게 했을까
달고 나온 그것만으로도 원죄인 세 치의 집을,
염치없이 떠도는 靑山 한데 모으면
큰물 질 위험한 저 流水
굳게 닫힌 수문을 무엇이 건드렸냐 말이다
왕왕 벌떼 같은 저것, 천지와 함께 태어났다기도 하고
꼭 다문 야속한 저것, 혹자는 태초 이전이라 우기지만
아마 귀가 뚫리기 시작하면서부터 아닐까 싶다
스치고 지나가는 간절한 말씀들
거두면 스르르 녹아내릴까… 쫑긋 세워보는…
도저히 몸짓으로 채워지지 않는 갈증을 위해
바람은 밤새 편지 쓰고 찢고 그랬던 것이다
한 一자로 제자리 지킬 때야 비수 품은 두려움
가지런히 간직한 보석, 입 口로 내달릴 때
파편이 되어 세상을 오염시킨다
때로는 향기로운 속삭임도
누구든 한 번쯤 찌르고 찔려 본 가시인 것을,
침 튀기는 세상사
말해 무엇하리, 口에 口를 포개는 입막음이여
실은 말 없음의 황홀을 맛보려는 심산일 게다

쉿(中)

평화를 위하여

두엄에 관한 기억

농촌에 살아 본 사람은 희미하게 생각날 것이다
장 담그는 날처럼 두엄 내는 날도 잘 골라서
건건이 찬에 푸짐한 쌀밥 고봉으로 가족 잔치 열었던 것을,
까닭 없이 즐거운 그 심심했던 세상
태평양 건너 먼 지금도 삼삼하다
차곡차곡 쌓인 계절의 가닥을 걷어내면
쇠스랑 끝에 걸친 녹녹한 열기
연애도 예술도 이렇게 푹 삭은 애정이었다면
이번 길은 한결 수월했을 거라고…
아래로 내려갈수록 진국으로 검게 번져 간
노천 광산 단층처럼 세대별로
다수에 밀리고 큰 것에 눌려 숨죽이고 있는
있는 속 다 타버린 잡초들
무엇의 무엇이기 위해 어쩔 수 없는 이 무엇
제 이름 버린 아버지의 땀이자 믿음이었다
뜨거운 열정 없이 뭐 하나 이룰 수 없음을
제 몸 버리지 않고 무엇이 될 수 없음을
부지런히 삭고 썩은 두엄은 몸으로 말한다
한 바지게는 고사하고 단 한 줌이라도
나는 누구의 밑거름이 된 적 있었던가
패랭이꽃 잎 하나 제대로 피울
과연 사이비 두엄이라도 될 수 있나

사각의 정글에서

휘두른다고 척 걸쳐지는 것이라면
날린다고 다 적중되는 일이라면
누군들 이 세상 챔피언 아니겠느냐,
뜯어말려 줄 심판도 없고
계체량도 없는 무제한급 정글

공이 울리면
한쪽 팔이 올려지기 위해
적어도 살아남기 위해 치고 빠지고 치고 빠지고
언제일까, 내 큰 것 한 방 냅다 허공만 가른다

숨 돌릴 막간에도
치열하게 사랑하는 법을 배우지만

또 공이 울리면
이대로 주저앉고 싶은 자리 박차고
나가, 나는 한 마리 맹수이어야 한다
그래야 산다

때려눕힐 상대도 없는…

곱추에게

몸 바름이 아무렴
마음 바름만 하겠습니까

곧고 아름다운 것은
언제나 내 안에 있습니다

어쩌면 우리도
마음 구부러진 장애인인지 모릅니다

직립원인(直立猿人)

나뭇가지 열매를 따기 위해
먼 곳에의 그리움 때문에
두 발로 서 있는 것이 아니다

무작정 휘두른 막대기
돌팔매 장난질
그 벌로
하느님이 앞발 들고 있어라 했다

언제까지 벌서느냐고 하느님께 물었다
각자 알아서 할 일이라 했다

그럼, 나는 영원히 앞발 들고 있어야 하나

웬만하면 앞발 내리게 해 달라
사정했다, 거절당했다
이유가 뭐냐고 따졌다
하느님 가라사대
'하이' 사이좋게 지내라 했다

무엇이
나를 한없이 붙드는 저녁에

치지 않아도 울리는 아픔이 있다
우두커니 서서 무엇을 바라볼 때
그것이 근거 없이 지워지는 지나온 길일 때
대낮엔 몸 둘 바 모르고
낮은 골짜기부터 채우는 어둠일 때
잠시 내려놓고 마저 덖어야 하지만

맛과 향기는 입으로 뱉는 것이 아니다
무성한 혹은 우뚝한
저절로 우러나게 하는 세상 가르침 앞에
누군들 한낱 성냥개비
그나마 그어댈 곳 없는 빈손의 생생함

깜깜한 추억을 허물기 위해
일시불로 지불하는 할
천천히 갚아나가는 도
갚을 듯 말 듯 뻔뻔한 철학
누구의 사생아인지 모른 채 탕감 없는 빚만 졌다

어둠 속 확실한 진실은 눈 감고 떼먹는 일이다
짱짱한 명예며 그 깐깐한 위세들

눈앞에서 사라지니 이름도 지워진다
산이며 강이며 납작 엎드린 들까지
처음 일렬로 호명한 자 누구인가

산은 힘겹게 오르는 자의 차지고
들은 땀 흘리는 자의 몫으로 이미 맘먹은 일
이제 와서 그 무엇을 목메어 부르랴
무명을 밝히기 위해 끄는 촛불처럼
높고 먼 것에 엉뚱한 이름 붙이기 전
숙이고 눈 감을 일이다

신발 끈 또는 허리띠

이 세상 무사히 건너기 위해 나도
무언가 단단히 붙들고 있는 줄 알았는데
갑자기 흘러내리는 어쩔 줄
헐거워져 질질 끌리는 바닥 앞에
오히려 붙들어줘야 할 복잡한 운명임을 깨달았다
누군들 얼마나 풀어진, 느슨한 여유를 누리겠냐, 해도
끝까지 조여야 괜히 맘이 놓이는 이 팽팽함
한 매듭, 한 구멍, 큰맘 먹고 벗어나고 싶지만
밀리는 힘에 겨워
가끔 툭 놓아버리는 내 몹쓸 생각도…
산다는 것은 속았음을 확인하는 일
제자리 지키는 것으로 착실한 생을 대신하는
몇 안 되는 식솔들 잠든 세상맡에서
채울수록 빈 것만 쌓이는 오늘도 가늘고 긴 반성,

부지하기 위해
졸라매는 다짐 속에 아픔이 배어 있다

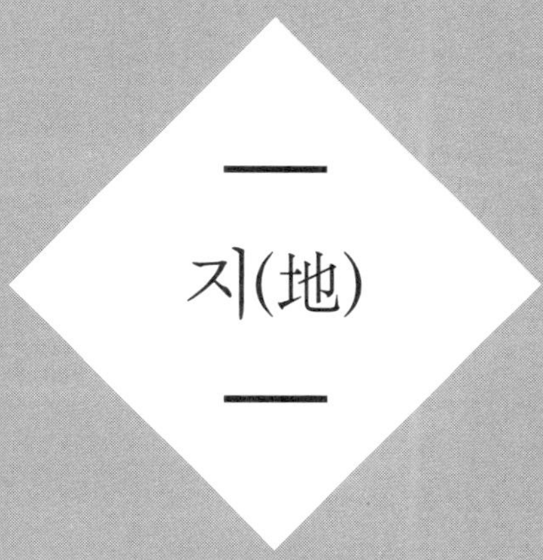

지(地)

맨하탄에서

몇몇 생을 해약 없이 꼬박꼬박 적금 붙들고 있어야
삶은 추상이 아니다 저렇게 우뚝 우길 수 있을까

만발한 예술 또는 어지러운 미인

네 지나온 자리, 상상으로 가지고 놀던 거
다 헛것이다
이 대낮에 영장도 없이 다짜고짜 멱살 잡고
어디 한번 꼽아 봐, 셈 해보라니까
용솟음치는 수직의 절대 앞에
아름다운 세상일 거라 굳게 믿는 좌우의 평균
머리 긁적거리고, 없는 옷고름 매만지고

도대체 누구냐
네까짓 것 아무것도 아니다 한 대 쥐어박고
주눅 들게 한
가파르게 무시무시한 갑의 당연 앞에

나는 왜 습관처럼 서 있는지 모르겠다

지워지지 않는 한 점 소묘

목 좋은 곳은 이미 자리 잡고 있었다, 한발 물러선 곳인 들
기구한 삶보다 더 복잡한 잡화 가게 벌려 놓았다
고맙게 드나드는 손님들 철 따라 계절 입혀 드렸고
남에게 뒤질세라 문화와 예술을 몹시 사랑하는 이들에게
내막이야 어떻든 겉모습 유사한 유행 안겨주며
간당간당한 삶 볶으며 근근이 지탱했다
밸런타인데이, 곰 인형에 초콜릿 안겨
이것 하나면 쓰디쓴 관계도 달콤으로 탱천하리라 유혹했고
마더스 데이, 가짜 꽃에 사탕 몇 알 끼워
한없는 어머니 사랑에 오늘 하루 이나마 보답 되리라
체면 세우는 데 일조했음, 스스로 위로하며 살아오지 않았나
세상은 화려하게 번쩍거리며 저만큼 앞서가는데
안목보다 소득이 따라가지 못해 조화에 마음 주고
기껏 초콜릿 몇 낱에 애정 쏟는
그들은 저소득층, 나는 그들의 처분만 바라는 더부살이였다

먼지 풀풀 날리는 시골 점방에 발목 잡힌 주인집 딸처럼
간절한 눈빛으로 사 주기를 은근히 강요하며
참으로 유치하게 생의 한철 흘려보냈다
참으로 유치하게 생의 한철을 흘려보냈다
잠깐 조는 사이 흩어지는 봄날 아지랑이같이 복사꽃같이

뉴욕. 지하철역에서

환승역 렉싱턴에서 지하철을 기다리는데
손에 지도를 든 인도 남자가 다가와 묻는다. H는 오는가
그걸 알면 진작 삶에서 생활로 갈아탔지
소문만 무성한 미래 앞에 왜 이렇게 서 있겠는가,
어디까지 가느냐 목적지를 묻자
캔디 가게 첫 출근이라고 목적으로 자랑한다
사는 것이 사탕이나 매만지는 달콤한 건 아니지만
사람. 물건 구분 안 되는 잡화 가게에 매달린 나보다
그나마 다행이라 생각하는 잠시
첫 출근의 다짐을 나에게 기대려는 듯
정말 H는 오느냐, 몇 번인가 확인의 눈빛을 보냈다
오지 않으면 네가 물어내랄 것처럼.
머지않아 저도 기다리는 것에 고분해 질 것이고
무엇인들 흐르는 것 앞에 배겨 내겠어
하며, 맞서 울던 콘크리트 두께로
새로 장만한 하늘만큼 활보하겠지만
그 첫 번에 대한 야무진 애정을 끝까지 위로해 주고 싶었다

먼저 도착한 L을 타고 떠났다
노후를 덜어내는 철로 관절 공사로
주말마다 H 노선이 변경된다는 사실을 후에 알았다

2준가 3주쯤 지나 다시 환승역 렉싱턴에서

해 돋는 쪽으로 뻗은 가지처럼 목 빼고 서 있는

아직 손에 지도를 지우지 못하고 기다리고 있는

그에게 귀띔이라도 해주고 싶었다

오지 않기로 돼있는 것은 확실히 오지 않음

그러나 아무 말도 하지 못했다

꼭 오리라 믿고 기다리는 마음이 하 고마워서

잡화 가게에서

브롱스 그랜 콩코스 187가
낮에는 보이지 않는 섬 하나
밤 8시. 어김없이 신기루로 떠오른다
모든 점방들이 썰물로 빠져나간 허허 갯벌
나 여기 있소. 홀로 목청 돋운 누구네 잡화 가게
어둔 바다 홀로 지키는 등대일 수밖에 없다

태풍 불고 눈보라 쳐도
불특정 손님과 약속이라고 속내 비치며
조선 오기로 버티고 있다. 9 to 9. 365일

파는 사람은 좀 만만해 보여도
물건으로 야코 죽으면 안 된다
온갖 것 다 쌓아두고. 생활 팔고. 미래 사고
때로는 허무도 파는 이 썰렁한 들판에서
싸구려에 섞어 팔아치운들 덤으로 떠넘긴들
그다지 억울할 것도 밑질 것도 없는 나
잡새 쫓는 허수아비로 품 팔고 있다

누가 나의 무엇일 수 없고
무엇이 나를 무엇이게 할 수 없다

잘 살고 못 사는 것. 순전 팔자소관
박박 우기며 버둥거렸다. 못 사는 주제에

아무 곳에나 네 잣대 함부로 디밀지 말라
회한으로 굳어버린 사장님 갈퀴손
내 따귀 몇 번인가 올려붙여 진 다음
비로소 부지런히 사는 세상에 항복했다

「잘 사는 사람은 잘 사는 이유가 분명하고
못 사는 사람은 못 사는 핑계가 많다.」

이것이 내 오도송(悟道頌)이다

네일 살롱 미즈 박

한때는 씽씽 바람으로 떠돌더니
한숨 돌릴 여정의 끝자락
네일 살롱. 처음으로 사는 걸 제대로 배웠다
눈시울 그렁그렁 샅갓 등 아래
닦아도 마르지 않는 시름의 신너
후 달래고 훅 불어서 날려보낸다
누군들 내 것 남에게 맡겨 가꾸고 싶지 않으리
억울한 세상. 말하지 말자 마스크
근심 걱정. 손톱깎이로 싹둑 잘라버린다
뉘 가슴, 감추고 싶은 작은 보푸라기 없을까
줄로 다듬으면. 갑갑하고 응어리진 속이 다 개운하다
초승달 함초롬히 떠오른 그 짠한 여백
장미꽃 주문에—붉은 장미 불쑥 건네고 멋쩍던
내 첫 남자 얼굴을 그리고 말았다

금방 임씨의 순도

루비보다 사파이어, 사파이어보다 다이아
다이아몬드보다 더 단단한 것이
이 세상에 없는 줄 알았는데
모질게 먹은 사람의 마음이 더 독합디다
누구네와 똑같이 빈손으로 태평양 건너와서
눈물 반, 오기 반, 올망졸망 안식의 거처 마련하기까지
반짝거리는 것이 다 보석이 아니라는 것을
남의 목에 걸리는 백만 불짜리 애정이
내 주머니 일 전보다 못하다는 것을
금 한 번 두들기고 손가락 멍 한 번 새기고,
어느 아양에 안길 줄 모르지만
오래도록 간직하길… 내 것인 양 다지고 다졌습니다
그 둥근 언약
흔들리지 않고 그나마 버틸 수 있었던 것도
소꿉장난 같은 산 1번지 셋방살이
비록 끼워 줄 것은 없었지만
세상 끝까지 가자고 새끼손가락 걸던
그 시절의 순도, 내가 그대에게 그대가 나에게 건넨
99.9% 유치가 있었기 때문입니다
나머지 0.1%는 하느님의 시샘 방지책

야채 가게 미스터 백의 엄지손톱

1989년. 사람들은 올겨울이 유난히 춥다고 했다
엘머스트 후줄근한 낯선 셋방
미스터 백과 나. 우리는 까닭 있어 더 추웠다
추위보다 더 무서운 무료한 일요일 오후
소주에 얽힌 확인할 수 없는 사연 몇 개와
그동안 밀린 소주잔 오기로 건네고
필름이 엉망으로 망가지도록 받다가
얼마나 까고 다듬었으면…
닳고 뭉그러진 미스터 백의 엄지손톱을 보고
내 미래인 듯 엉엉 울어버렸다
콜라 상자에 찍혀 새로 돋는 내 엄지발톱
웃긴다고 미스터 백이 덩달아 울었다
다 큰 어른들이 엉엉 운다고
벽에 붙은 천연색 우리 새끼들
빠진 이빨 드러내고 웃고 있었다
당장에 품어 줄 수 없는 먼 곳의 새끼들
그 새끼들 어미가 더 그리웠는지 모른다

겨울밤은 길었다

만날 일 없어도 만나는 것이 인연인가

나와 상관없는 하얀 축복이 무작정 쌓이는 날
꾸벅꾸벅 실려가는 전철에서 만났다
왕창 밀린 숙제. 애먼 소주잔으로 풀었다
그럭저럭 버티고 있는 내 세월도 세월이지만
흰색으로 번지는 귀밑머리. 처진 어깨
구부정하게 휜 서로의 청춘이 낯설었다
거울이 깨졌다고 어렵게 고백했다
다시 맞추는 것이… 애매하게 위로했다
이미 깨진 것은 깨진… 당사자 일기는 흐렸다
세상 무게에 눌려 곯아떨어진 절개는 무엇이며
무엇에 홀린 절개는 무엇인가
옹색한 그의 등이 어둠과 비슷해질 때까지
조금 밝은 이편 가로등 아래 서 있었다

우리는 만날 것이다
만나게 될 필연의 운명 같은 시나리오도 없지만
파 다듬고 사과 복숭 예술로 쌓아 올리던
뭉그러진 미스터 백의 엄지손톱을
7번 전철 어디쯤에서 뭉클하게 만날 것이다

바다를 손질하는 생선 가게 명씨

도마에 올려진 생사가 어디 멀쩡한 생선뿐이겠습니까
풍랑 헤치며 뜬눈으로 건너온 세월의 손등
벗겨진 비늘 속처럼 아픔이 배어 있습니다
낯선 항구에 닻 내리기까지 스쳐간 태풍이 그 얼마며
비바람에 찢긴 돛대에 기대어 한갓 가랑잎일 때도 있었습니다
뱃전에 부딪혀 휘파람 몰아가는 파도는 차라리 즐겁습니다
바라보면 그저 넘실거리는 먼 빛 푸른 평화이긴 해도
한번 디뎠으니 필히 건너야 할 삶의 망망대해
사는 것이 등 푸른 대서양처럼 싱싱할 수 있다면
토막 나는 생살 한 점 한 점이 약속한 내일로 너끈할 수 있다면
며칠 때로 가슴 뛰던 숭어 시절
은빛 찬란한 갈치로 솟구치던 그날들을 그리워할 리 있겠습니까

그래도 아직은 신선한 청춘, 누구네 만찬에 초대될 내일을 꿈꾸며
갯내음 물씬 풍기는 작은 바다에서의 하루가 또 저뭅니다
밤바다에 새겨진 추억 같은 별들의 출렁거리는 밤이 오고
아무리 털어도 지워지지 않는 끈질긴 비린내처럼 어둠이 몰

려와도

그대와 나, 앞길 환히 비추는 믿음의 등불 있기에
한 치 앞 모르는 깜깜한 세상 눈 감고도 걸을 수 있습니다

바다가 아무리 넓은들 당신 가슴만 하겠습니까
바다가 아무리 깊은들 당신 사랑만 하겠습니까

슈퍼마켓 마씨

야채. 그로서리에서 일해 봤으면 알 것이다
모든 무게의 단위가 킬로그램도
제국의 오만, 파운드도 아닌 것을
미국 노가다 덩치가 기준인 것을

야채 한 박스 우유 한 상자
그들도 버거운 삶의 무게를
그만 저버리고 싶은 오 척 단구의 신뢰
오로지 깡과 오기로 져다 부린다

시린 팔목 당최 바로 서지 않는 어깨
차라리 축생의 길을 지원할까
등짐 지고 건너는 이 길 다시 밟지 않으리,
낙수 홍건히 괸 처마 밑 순전히 조선식으로 쭈그리고
앉아, 손끝이 타도록 칼칼한 목 축이고 있다

말보로 연기, 뭐가 달라도 달라 천연색일 줄 알았다
속고 살아왔다, 세상에 속은 게 아니라 나에게 속았다
들킬 때까지 즐거운 세상
빈 콜라 상자 위에 걸터앉아 졸고 있다
이 편함 이 불안 이 편함 이 불안…

어느 눈먼 세월이 있어

작은 의자 하나 마련해 줄까

나는 나이에 걸맞은 의자에 한번도 앉아보지 못했다

철물점 안씨의 하루

대낮인데도 어두운 세상
이나마 밝아졌으면… 등불을 켠다
비망록 한번 오간 적 없이 갈라지고 벌어진 틈새
힘주어 못질할 곳 강력 접착제로 무마시켜야 할 곳 좀 많은가

아파트 101호 꽉 막힌 하수구 뚫어야 하고
만물의 영장이라는 인간이 그 쪼그마한 모기에도 꼼짝 못 하는가
구름 들락거리는 스미스네 방충망 새로 설치해야 한다
누구는 숨 막히게 뛰어 들어와
잃어버린 행복한 문을 열어 달라 하고
간수해야 할 비밀이 얼마나 많은지, 또 누구는
세상에서 제일 단단한 놈으로 소개해 달란다.

고장 난 세계평화를 빠삭하게 손질하고
단지 밥 한 끼 제대로 챙기지 못하는 밥통들 위해
쌓아둔 곳간 재까닥 열어젖힐
그런 만능 철물 공화국을 꿈꾸고 있는지 모른다

찌그러진 냄비, 망치로 얼렁뚱땅 펴듯
구겨진 마음, 반듯하게 펼 순 없을까

세탁소 함씨의 결론

한번 발 들여 놓은 곳이 늪이고 바로 무덤일 줄이야
내세울 것이라곤 야간 학력이 전부인 내 첫 단추
맨하탄서 세탁소 크게 하는 삼촌이 공항 마중 나왔을 때
이미 끼워졌다

야무지게 살자고 프레스 매달려 다짐한 그날이
어제인데 한숨 통 줄이고 세상 통 넓히고
콕콕 찔리며 버틴 세월의 한 땀 한 땀 덧없어라
그동안 졸라맨 허리는 다 무엇이며
두어 자 남짓으로 줄여야 할 겉껍질
헐렁한 둘레 무엇으로 메꿔야 하나
그나마 내가 건진 건 정으로 건네고 주고받던
눈부신 와이셔츠 같은 이웃의 순수다

함부로 구겨버린 젊은 날의 단벌 바지
다시 날개로 퍼덕거릴 수있다면
80갤런에 확 돌리고 40파운드로 팍 눌러서
쌈박하게 주름 한번 잡고 싶은데… 짜깁기할 수 없이 헤진 머시기야
눈 감고도 빼는 남의 땟국 정작 내 것은 덧씌워져 번져가는가
누가 이것이 무엇이냐 물으면
'얼룩진 인생'이었다고 대답할 수밖에

테너 서병선

노래라면 이미자의 동백 아가씨나
내 걸어온 길, '번지 없는 주막' 뿐이었는데
촉촉이 가슴 적시는 첫사랑, 그 추억 같은
짠한 울림이 있다는 걸 처음 알았습니다

아무리 세기의 파바로티라지만
살가운 한으로 맞닿기에 너무 멀리 있습니다
사는 것이 답답하고 억울할 때
한달음에 안기고 싶은 고향 어머니
방울방울 맺히는 설움 앞에
백 편의 시, 천 편의 감동
여지없이 무너져 내리던 것을 분명 보았습니다

날마다 첫새벽 샘물 길어 올리는
아직 하늘 모르는 젊은 처자라면
저녁놀 은근히 비껴간 동구 밖
기다리는 이 없이 처연히 서 있는 느티 아래
뚝뚝 떨어지는 동백꽃이 되고 싶습니다

감히, 우리들의 명가수라 아부하고 싶습니다

웨이트리스 현

접시만 나르지 않았다

내 삶도 함께 정성껏 날랐다

노던 블러바드를 지나며

아침이라기엔 너무 게으르고 점심은 조금 미안한 시간
어쩌라고 이미 끝나버린 일용직 노동시장 저물어 간다
얻기 위해 잠시 접어두어야 할 소중한 것들
저마다 내면 깊숙이 찔러 넣은 사연의 가방 하나씩 둘러매고
혹시나 모여들고 필요에 따라 온몸 바친
하루 품삯, 누구에겐 차곡차곡 쌓이는 희망이고
연명의 밥줄인 것을… 이마저 여의치 않으니, 오늘은 공치는 날인가
진즉 자리 뜨고 싶어도 그나마 불러 줄 구원의 목소리 없을까
오는 차에 기대고 멀어진 차에 야속한 눈길 보낸다
손잡아 줄 이 없어 가을 들녘 가랑잎처럼 이리저리 흩어지는
신세, 내일 다시 찾으리라 그리고 악착같이 따라붙으리라
밑천이라곤 대책 없이 물려받은 이 한 몸
나는 왜 맨날 수요보다 공급이 밀리는 쪽으로 줄 서 왔을까
갑은 고사하고 을 자리도 제대로 얻지 못할까
몇몇은 무심한 세상 원망하고 열성 유전인자를 한탄하며
지당한 부모님 말씀 뒤늦게 깨우친다
손꼽아 기다리고 있을 안부가 궁금한 듯 핸드폰 만지작거린다
지금은 품을 수 없는 먼 곳의 그리움들아
걱정 마라, 세상 들었다 놨다 할 튼실한 근육 있으니

노동은 언제나 신성한 것, 오늘은 기댈 고단도 없나
어디론가 곧장 뻗은 대로, 삶의 벽에 기대어 바라보는 길
아득하다
청춘의 한나절, 갈 곳 몰라 어슬렁거릴 때가 있었다

신발 가게 남씨의 비밀

검정 고무신 머리에 이고 개울 건너던
풍경. 이런 든든한 밑천도 없다
나이키 리벅 휠라에 목맨 십 년
척 보면 안다. 감춰진 발의 진실을
그야말로 빠끔이가 다 되었지만 정작
나는 발에 맞는 신발을 한번도 신어보지 못했다

형님의 반 낡은 권위 으레 내 몫이었고
철 지난 동생의 유행이 우애란 이름으로 가슴에 꽂혔을 때
얼마나 방방 튀어 올랐던가. 생고무 공으로
이내 돌아앉아 어머니는 헛바느질만 했다
후진국 어미들의 반짝이는 지혜가
콕콕 찌르는 제 아픔인 것을 그때는 몰랐다. 모를 수밖에
아직도 촘촘히 남아있는 실밥의 흔적
겨우 추억으로 뒤 물림한 이제
아무렇게나 팽개친 아들의 풍요를
애비 된 죄로 질질 끌고 다닌다

나는 왜 이렇게 헐렁한
혹은 갑갑한 밑바닥으로 매달려 왔는가

이다음 마지막으로 건네야 할 것이 있다면
시린 발가락 더 이상 부르트지 않게
알맞은 짝 하나 마련해다오, 거시기야
징그러운 몸뚱어리 업고 헤매 돌았던 내 작은 이것의 자유

10문 8이다

가방 가게 민씨의 고민

잭슨하잇 37애비뉴. 즐비한 호화에 묻혀
겨우 매달려 가는 가방 가게 하나
있는 듯 없는 듯 아슬아슬 버티고 있다
가끔 유리창 너머로 훔쳐보면
때로는 종업원, 근엄한 사장님이기도 한 민씨
내일은 회장을 꿈꾸며
깊은 산 암자 부처 모양 꾸벅꾸벅 졸고 있다

무엇이고 가만히 들여다보면
제 푸는 방정식 따로 있고
험한 바다 건너는 삿대 하나씩 지니고 산다

빔의 존재는 채움인가
속 터져 밀쳐 둔 세상 구겨 넣어
각 세우고, 털고 털어 목 매달아 두면
인연은 한 치 오차 없이 진행된다고
몸으로 때운 이치, 자신만만하다

은근한 미소로 사로잡고
장사꾼은 야박하면 안 되는 겨. 듬뿍 에누리
속 빈 것 그대로 건네기 미안스러워

함박웃음 함께 딸려 보내는 그 넉 넉 함
러시아든 콜롬비아든 인도면 어떠리
그 누구와도 끈끈하게 향후 10년은 형님 동생이다

누굴 탓하랴. 떠밀려 가는 것이 인생인 것을
한편으로 밀린 색 바랜 청춘의 가방 위로
무참히 내리고 쌓이는데… 세월은
이 다음 먼 길 떠날 때
가방 속의 가방 속의 가방 하나 풀어
뭘 담아 두고 가야 하나

부활, 245(i)

뭐니 뭐니 해도 식당이 제일이라는데
이럴 줄 알았으면
엽차 잔 고춧가루. 괜히 트집 잡지 말걸
그래도 아직까지 전도사가 그만이라는 데
그 많은 새털 같은 날. 코빼기라도 내밀 걸
내 죽자 살자 매달릴 신년 화두는「스폰서」다

어영부영 흘려보낸 십여 년
그동안 뭐 했느냐 누구는 튀박 주지만
'보라. 그린카드 없이 잘도 나는 하늘의 새들'
그것은 차라리 제국의 오만에 대가리 디민
내 무모한 오기였는지 모른다

절간 담 너머 기웃
예배당 문도 삐죽 열어보고
신령스러운 길가 큰 나무에도 눈길 줘 보았다

누가 있어 거두어 주리. 팍팍한 이 마음

어차피 여기가 고향일 수밖에 없는
잠든 새끼들 머리맡에서

계약서 없이 더부살이한 우리 내외
오랜만에 한통속으로 두 손 모았다
「하나님 아버지」
이보다 더 막강하고 든든한 백이 어디 있으랴

절대자의 역사하심. 진실로 간절한 자와 함께 한다고
새벽기도 찬 마룻바닥에 눈물 뿌리는―
뚜벅뚜벅 4월 30일. 무심한 그림자 그냥 스쳐간들
그 또한 그분의 뜻임을 믿어 의심치 않을
한없이 가난한 아내에게 나는 작은 하나님이고 싶다

모처럼 빛나는 지아비이고 싶다.

유치장에서 하룻밤

- 부끄러운 일기, 2005. 1. 5. 진눈깨비

모조품 단속에 걸려
브롱스 경찰서 유치장에서 하룻밤 보냈다
어떤 이념에도 끄떡없을 붉은 벽
어떤 정의로도 구부릴 수 없는 쇠창살에
갇혀, 내 모국어는 침묵할 수밖에 없었다

다섯 발자국 이상 벗어날 수 없고
사이다 한 병 맘껏 목 축일 수 없건만
저마다 풀린 입들은 살아서 꿈틀댄다
결코 죄가 없노라
아무 죄가 없노라
아무도 '아무'를 함부로 차용할 수 없는데
청정한 성자로 살아온 듯한 저 배짱,
지고의 절대 앞에 한없이 엎드렸다

자정 지나
도미니칸도, 뽀르리칸도, 니거의 브라더들도
살아온 방식대로 엎드리거나 쪼그린 채로
굴곡 많은 삶처럼 구부린 그대로
그나마 하루의 평온 속으로 젖어 드는데
나만 외롭게 깨어서

구름으로 떠돈 지난날을 그리워하다 문득
'자유' 아무렇지 않게 내뱉던 그 시절이 부끄러웠다

살면서 알게 모르게 저지른 묵은 죄 한데 엮어
이참에 용서받고 싶었는데
단지 산다는 족쇄 앞에 추상같은 지엄함
오늘 하느님은 벌금 이백 불을 선고한다, 꽝 꽝
국립 호텔 일일 숙박료가 너무 비싸지 않냐? 에
법대로 살라 한다

원래 내가 추구했던 이상은 무법의 경지였음을
건방지게 외치고 싶었다

공원묘지를 지나며

삶과 죽음이 하나임을 가르치려는 것일까
도시 한 자락 붙들고 수작 부리는 루터란 공원묘지
누구는 아직 싱싱한 그리움 몇 다발로 남아 있고
누구는 추억 몇 송이로 시들어 가는 거기,
이쪽인가, 저쪽인가, 분간하기 힘든 노부부
펄펄 날던 이두박근 기억에 기대어
언제일지 기약 없는 이승 한때를 지나가고 있다
면목 없이 슬그머니 잡은 손 놓아버리면
큰일 날 것처럼 꼭 쥐고.
이제라도 깨달은 것이 얼마나 다행인가
살아서 그런대로 다정했던 브라운, 만나서 괴로웠던 수잔
누군들 핑계 없으랴만 때늦은 후회막급이다

물굽이 산굽이 울퉁불퉁한 생애가
어찌 매끈한 비석 하나로 대신할 수 있겠느냐
새로 시작한 일기장엔 푸른 날들이 간간이 쌓여있고
어떤 자서전은 고인돌보다 더 육중한 전생을 가로로 세워
두고
그 옆에 누구는 더 삐까번쩍한 출세를…

언젠가 한번은 평등할 줄 알았는데

못 믿을 세상

언제까지나 청춘일 줄 알았는데

루즈벨트 74가 부근

사람 잘못 늙으면 추한 것처럼
세상도 늙으면 몰골이 사나워질 수밖에,
비 오는 날 꿉꿉한 몸살로 우중충한 하늘만 이고 사는
동네, 봄 가을 언제 왔다 갔는지
철없는 겨울과 여름만 교대근무하고 있다

그래도 한때는 번듯한 거리였던
E. F. G. M. R까지 7번도 추억에 젖어 지나간다
한쪽이 허전한 우리끼리 모여 고스톱
쓰리 고에 피박 덮어쓰고
고래고래 소주 뒤풀이해야 직성 풀리는
지금은 룸메이트들아
언제가 되리… 햇빛 잘 드는 창가에 앉아
안주 삼아 더듬어 볼 이상하게 복잡하고 어두운
74가, 오늘은 무엇으로 채울 거냐
허기진 청춘의 저녁 한때
기다리는 누구도 없이 나는

오랫동안 서 있었다

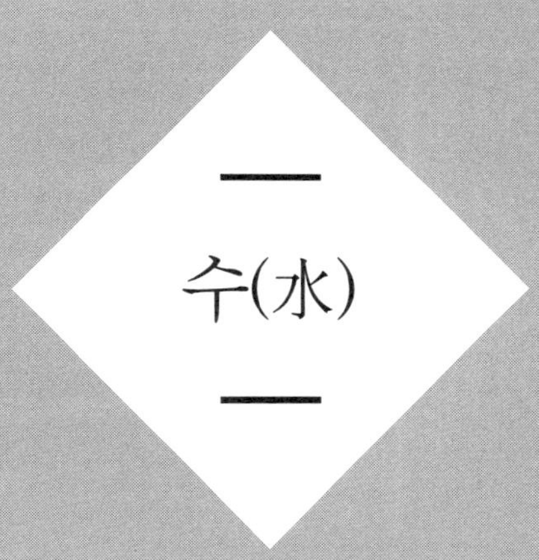

수(水)

천년 전의 외침

元曉大師(617-686)

요석공주와 사건 이후

小性居士, 卜性居士라 칭하며 在家佛者가 되었다

소성은 처음, 복성은 나중에 썼을 것으로 짐작된다

小性은 자기를 낮추거나 첫 깨우침을…

卜性이 거슬린다

왜 하필 점칠 복(卜)인가

혹자는 아래 하(下)의 아래쪽(卜)이라

자기를 낮춘 말이라 억지 주장을 하지만

小性, 卜性 두 호를 한 가지 뜻으로 쓸

시시한 사람이 아니다, 대사 아닌가

누구라도 한번 의심해 봤으면

그가 외친 고뇌를 알아봤을 것이다

『卜』

글꼴로 보면 남자가 옷 벗고 있는 모습이다

아무것도 걸치지 않은, 아무 걸림이 없는

인간의 본모습, '大自由人'임을 외쳤던 것이다

뒹구는 것에 대하여

삭은 통나무에서 떨어져 나온 굼벵이 한 마리
저도 삼보일배 집 떠나 고행길 나선다
살아있음에 징그러운 몸뚱어리
부려 놀 곳 어디인가, 온몸으로 세상 재며
기어이 가야겠다. 흙투성이 땀범벅
그 몸 디밀어 아닌 것에 한번쯤 대들어 봤을 것이고
품어야 할 한 그릇 절대 앞에 고개도 숙였으리
돌부리에 맞서 물이 저 스스로 구부러지듯
각진 것 떼버리고 간편히 살자 다짐했을 것이다
오히려 매달려 있어 부끄러운 손과 발
때로는 튀어 올라 거추장스러운 생의 전부
다 떼어버리고 선문에 들자 작심했을 것이다
귀 막고 눈 가리고 여기까지
남은 업이라야 두리뭉실 하찮은 과거뿐,
오직 구르는 재주 하나 남기고 지워버린 수족들
이 생을 무사히 건너기 위한 전생의 보시였는지 모른다
한 뼘도 안 되는 삼천대천 이 외로운 길목에서 맨몸으로
뒹구는 것이 사는 것

목탁

막막한 가슴속

섬뜩, 비수 하나 지나갔다

이 몸 아파야 밝은 세상

운수암 싸리비

큰절이 암자를 거느리고 있는 것 같지만
암자에 올라 구름 헤치고 저으기 바라보면
날아갈 듯 위세 당당한 부전함 큰 절도
암탉 아래 옹기종기 모여 있는 병아리 같다
납자로서 이름은 그럴싸해도 행색 초라한
雲水庵, 언제고 떠나려는 듯 반쯤 열린 문간에
눈 부릅뜬 사천왕 대신 몽당 싸리비,
몸살 나게 헤매게 했던 산 너머 그 무엇도
거친 세상 보석같이 빛나던 먼 섬도
찾아가기 전의 한낱 그리움이지 않았느냐
이제 그만 빗장 걸고 제자리 찾으라 한다
구름 앞세워 속량으로 떠돈 지난날이 낭비였던가
새벽보다 먼저 일어나
푸른 날로 모질게 엮고 다듬었을 것이다
마음 밭 하나 제대로 일구기 위해
제 살 깎는 반성으로 쓸고 쓸었을 것이다

닳고 삭기 전 널린 구름이야 걷어내겠지만
마당 한쪽 긁힌 자국 무엇이 지워 줄꼬.

PC와 아들과 나와 아버지

교회 늦겠다. 서두르는 제 애미에게
새 PC 사내라고 앙탈 부리는 초등생 아들 녀석
펜티엄 1000은 돼야 미래를 열 수 있단다
386은 너무 느려 인생이 답답하단다
딴청 반 재미 반 텔레비전 옆구리에 매달린
지지리 못난 주변머리, 이제 또 웬수가 될 수밖에.
하루 세 번 숟가락 들었다 놓고 부지런히 숨쉬기 운동이면
사는데 아무 하자 없는 줄 아는 나로 말할 것 같으면
본인을 위해 단번에 백 불 이상은 꺼내지 못했다
소주 한 잔이면 거나한 세상
온공일 바닥 뒹구는 것이 최고의 사치인 것을,
PC. 웬 해괴한 문명인고
인터넷. 무슨 고기잡이 그물이더냐
누구 말마따나 뭣도 모르는 내 버전
돌도끼 하나면 호랑이 문제없다고?
단언컨대, 내 청동기는 백 년 후에나 도래하리
웬만하면 허락해다오
오히려 네 아들이 되어 삐까번쩍한 삶을 조르고 싶다
되돌릴 수 없는 이 구질구질한 생을 물어내라고
아, 나는 누구에게 땡깡 부리나
아버지는 재 너머 누워 계신지 이미 오랜데

아들에게 들킨 세상

어느 날 중3 아들에게 불끈 쥔 주먹을 디밀며
이것이 무엇인고? 제법 선사의 흉내를 내보았다
내 속물은 아들의 대답이 없으리란 전제로
'엿'이란 코미디를 준비해 두었다

전화선이 끊기고. 인터넷이 끊기고. 수돗물이 끊기고
텔레비전 선이 끊기고. 벽시계 약이 끊기고. 전등선이 끊기고
선 하나 끊기는 이 단순 그리고 고요
뒤에 강산만 남기는 적막, 모르면 몰라도 이런 것이리

어거지

란 대답에 숨이 딱 멈춰버렸다.
그래도 세상은 아직 살아볼 만하다
지금이라도 가꾸면 늦지 않았다
무슨 대단한 유산인 양 아들에게 전등하려 했는데
화두, 주먹을 두고 어거지로 설파한 그에게
내가 안다고 안 것은 항하사 모래 한 알
몇 생을 뒹굴어도 감히 따라잡지 못할 평화
앞에, 3001배를 올린다

問答記

일본 선승 하쿠인 에카쿠(1685-1768)가 던진 숙제
「한 손바닥에서 나는 소리가 무엇인가」
이백몇십 년이 전해져 내려오는 동안
도대체 한 손바닥이 내는 소리가 뭐냐
기라성 같은 선승들이 붙들고 매달렸지만
확실한 물증을 들이댄 사건이 한번도 일어나지 않았다
는 기사를 어느 월간지에서 읽고
추운 겨울 아침
아직 고개만 삐죽 내밀고 있는 초등 6년 아들에게
내 게으른 자라목도 덩달아 삐죽 내밀고
심심한 공간을 메우려 무슨 얘기라도 해야 했기에
에카쿠의 진실이 무엇인가, 슬쩍 던져 보았다
수수께끼 풀듯 풀었는지, 작은 깨우침이었는지
그는 단 한번의 머뭇거림도 없이
내 심장에 비수를 꽂았다
「히틀러 울고 비틀즈 웃다」
왜 웃고 울었는가, 자세한 설명은
독자에 대한 모독이다. 정진하길 바란다

선승과 중1

중앙일보 종교 전문 이은윤 기자가
해운정사 진제선사를 찾아가 물었다
어느 부잣집 큰솥에 밥이 가득 있는데
세 사람이 먹어도 부족하고 천 사람이 먹어도 남는다
이 이치가 무엇입니까
선승 왈 쟁즉부족(爭則不足) 양즉유여(讓則有餘).
싸우면 부족하고 양보하면 남는다
어수선한 세상 사람들은 몇이나 귀담아들었을랑가
읽던 신문 밀쳐놓고 중학 1년 아들에게
부잣집 솥의 희한한 이치를 디밀어 봤다
그야, 서로 많이 먹겠다고 싸우면 부족하고
먼저 먹으라 서로 양보하면 남지요
좌우지간 폐일언하고 여태까지 나는
헛살았다
70 선승과 중1의 아들 생각이 일치함을 보았다
가끔 되레 그의 아들이 되고 싶을 때가 있다
이런 것도 시가 될런지… 기록으로 남기고자 한다

남산의 바위

안에 있든 밖에 있든
그 하찮은 돌덩어리 하나가
얼마나 많은 납자들을 곤란하게 했는가,
양날 도끼 들고 윽박지르는 조사님들처럼
대학 1년 아들에게 농을 걸었다

"남산의 바위가 네 마음 안에 있느냐? 밖에 있느냐?"
"그야, 남산에 있지요."

천년의 가부좌도 면벽 9년도
저것 하나, 있는 그대로 보기 위한 몸부림 아닌가,
아악, 발등 찍히고 말았다.
태고 이래로 거기 꼼짝 않고 있었던 것을
괜히 들었다 놓고, 들었다 놓고
조사님들 수고만 했다.

코뚜레

너의 생을 한 줄에 꿰기 위해

나도 생으로 구부러지는 아픔 있었다

색계에서

몇억 광년을 달려야 도달할 수 있을까
무색계

새벽

누가 보낸 기별인가
곧 새날이 열린다는,

우주의 첫 소식

누군들
어두운 한때를 지나오지 않았으리

나의 부력(浮力)

노동절 추수감사절에도 시 경계를 벗어나지 못하는
미안한 아들에게 햄버거로 명절을 때운다
그때마다 애비의 형편을 아는지
팍팍한 삶 한 쪼가리에도 신나는 아들과
맥도날드까지 옹색한 그 몇 블록 함께 걸으며
무료한 시간의 낱장을 넘겼다
별로 재미없는 얘기로 낄낄거리기도 하고
길에서 만난 빈 깡통으로 축구도 하며
우울한 한때의 긴 그림자를 까짓것 차 버리자고
깡통이 되어 깡통을 서로 쫓아다녔다
무작정 튀어 오르는 그 빈 것의 행방을 쫓다가
엉뚱하게 비행기도 만난다
가슴 깊이 간직한 것도 이렇게 만날 수 있다면… 각설하고
좋이 근수깨나 나갈 쇳덩어리
퍼덕거리는 날개도 없이 무슨 수로 떠다닐까, 궁금해하면
비행기가 누르는 공기압력의 반발력으로…
아들은 매번 애타게 선생 노릇 하지만
날아 보려고 펄쩍 뛰었다 꼬꾸라진 기억 때문에
제 갈 곳으로 곧장 날아가는 은빛 날개를, 그 찬란한 허상을
못 미더운 눈으로 멀쩡히 바라볼 뿐이다

참 신기하단 말이야, 저렇게 무거운 것이…
아부지, 비행기가 어떻게 뜨냐면요
잘 보세요, 팔을 쫙 벌리고 몸을 구부렸다
고개 들어 올리며 지구를 힘차게 굴러 보세요
위위이잉잉— 위잉위잉
아들 비행기는 신나게 잘도 나는데
멍청한 내 주변머리는 도대체 뜰 줄 모른다

토굴(土窟)에 들며

아무리 인간이 극성스러워졌다 해도
전인미답의 오지, 아직 몇 군데 남아 있을 것이다
기웃기웃 멋모르고 지나온 저 저잣거리
추억 만들고 저장하는 어리석음이었다면
지금부터 쌓인 찌꺼기 지우는 일이다
어둡고 깊숙한 곳, 숨은 성감대 일깨워
내 정녕 오르가슴에 도달할 것이야,
한 모금 축이지 않고 사막 건너는 법
맨몸으로 설산 오르는 법
밤새 육법전서 뒤져서라도 찾고 말 것이야,
매번 물러서고 말았던 비장의 비수
죽기 살기로 이런 때 쓰는 것
듣지 않고도 잡을 수 있는 겁 이전의 말씀들
내뱉지 않았으되 먼 산 다가와 조아리고
소고삐, 그것 쥘 때까지
이대로 앉아 재가 될 터이다

더운 기 다 빠져나간 뒤
천지는 티끌 아니면 고요

단식(斷食)

어떤 침묵이 이토록 간절한 말을 간직하겠는가
말 없음이 때로는 가슴 적시는 감동이듯
채우기 위해 비워두는 법도 배워야 한다
이대로 가다 보면
막연히 기웃거리던 어떤 끝에 닿을 것이로되
무엇이 이 허기진 막무가내를 감당하리
할 일 없이 두 배로 커진 하루
겨우 숟가락 들었다 놓는 일이
감히 우주라 우기던 내 생활의 전부였던가
진지하게 강 한 번 건너지 못하고
첨벙 뛰어든 것이 부끄럽다
날기 위해 새로 태어나는 것이 아니라
새가 되기 위해 날개를 다듬는 것처럼
짐승으로 태어나 새가 된다는 것
산을 움직이는 일이거니
쌓아두기만 했지 털어버리지 못한 아주 사소한 것들
아주 느리게 조금씩 걷어내고 덜어서
새가 되련다

치과에서

둥근 햇살 가까이
온몸 내맡기고
뜻대로 하소서
눈감은 평화, 아늑하여라

복사꽃 흐드러져 물 흐르는
이승과 저승의 몽롱한 경계
오락가락, 설핏 눈을 뜨니

입 꼭 다무신 하느님
구석구석 살피시어
박꽃 세상 일구신다
호미 들고,

단단히 박힌 업
뿌리째 헹구고 나니
그야말로 인생이 이리 개운한 것을,
그래 일찍이 세존께서
잘 간수하라, 안 하시더냐

淨口業眞言

진실은 주먹이 되고
어리석음은 멍으로 남는다

새로울 것 없는 뉴스를 함께 보다가
내 창자가 더 굵다 체면 불구하고 우기는
약사와 의사들의 점잖은 핏대를 경청하다가
모처럼 한통속으로 끌끌 차다가
은근한 수작으로 아내에게 물었다
돌고 돈다는 누구 주장이 사실이라면 이다음
시인과 의사, 누구의 부인이 되고 싶어
그야… 음 음, 생각하는 잠시
나는 얼른 계산했다
(그나마 여태 버텨 온 것도 빠른 속셈 덕분)
그래도 제 남편이 시인인데, 물론 이녁 편이리
아니야, 폼으로 보나 경제로 보나 저쪽 아니겠어
누구의 무엇이기를 강요했던 시인이 미웠지만
하던 소꿉장난 계속 하기로 했다
그래 생각해 봤어요

'나는… 진실한 사람의 부인이 되고 싶어'

얼마나 큰 것 한 방 불티나게 먹었는지
내 시인은 달싹 못 하고 한 달을 자리보전했다
아직도 그 주먹 만나면 고개 들지 못한다
멍으로 남은 시퍼런 어리석음

돌아 봄

누가 이렇게 환한 스위치 올렸을까

때는 봄
투명하게 다시 들어가고 싶은 액자 한 폭
엄마 손에 겨드랑이 올려 받쳐진
아기, 세상과 첫인사 나누고 있다
복사꽃 하늘하늘 간섭하는 한나절

한때는 저렇게 작은 천사였다

고백한다

모태 신앙을 훈장처럼 달고 다니는
끈질긴 유신론자와
일요일이면 16년 동안
십자가 전쟁을 벌여야 했다
어디 확실한 증거 대라는
막무가내 무신론자에게
알고 온몸 던지는 믿음보다
모르고 내미는 작은 손이 더 아름답다는
아내여
있고 없고
없고 있고
지루한 천년의 논쟁을 떠나서
한없이 작은 우리, 용서해 달라
두 손 모으는 갸륵한 사랑을
어젯밤 잠결에서 엿보았노라
그리고
나도 고개 숙였음을…

비 갠 아침 꽃밭

딸 부잣집 대청마루
고만고만한 것들 곱게 빗질하여 앉혀 놓은 것 같이
공평은 이리 축복인 것을
뽐냄도 덧없어라 다툼도 말끔히 지워버리고
다만 피어있을 뿐이다

새벽같이 잠시 왔다 간 손길
싱싱하게 그러나 부시지 않는
착실한 세상 한때
하늘도 복사하려는 듯
말갛게 유리창 닦고 있다

실한 것 한 톨 건넬 꿍꿍이속인가
흠뻑 교태 머금고 모질게 서 있는 조것들
활짝 대문 열리면
어찌 세상은 아름답지 않고 배기리

이참에 나도 촉촉이 젖어 드는 추억 하나 장만하고 싶다
노후 10년은 끄떡없을.

부리 하나로

우리가 이 세상 주인이라 철없이 행세하고
하늘 아래 영장이라 뻐기고 살아왔지만
호사라 느껴지는 아침 산책 또는 비번인 날 공원에서
한자리에 십 분만 앉아있어 보라
우리 사는 거 얼마나 시시하냐
어디선가 참새 몇 마리 정답처럼 날아와
뭐라고 뭐라고 재잘거린다
학교도 없고 컴퓨터도 없이 은행도 없고 감옥도 없이
긁을 카드도 없고 꼬박꼬박 적금도 없이
실려 갈 병원도 없고 번잡한 지하철도 없이
다 쓸려가고 무너진 뒤, 만전을 기해 줄 정부도 없이
예수, 부처 또한 무슨 소용이리
우리 짊어진 것 다 부리고 통통 비우면
높이 날 수 있다는 것을
우리 움켜쥔 것 다 놓고 탈탈 털면
사는 것이 한결 가뿐하다는 가르침
몸소 실천하고 있다
가진 것 단 하나, 부리 빗세워 좌우 번갈아 갈며
우주를 쪼고 있다. 톡톡

동시상영 극장에서

알게 모르게 잘려나간
그래서
제대로 된 한 편보다 못난
두 편 동시상영 영화관
삐걱이는 안락의자에 죽치고 앉아
매락같이 죽여야 할 시간들
어쩌면 나도
한 편의 성일이요 앵란일 거라는
그렇고 그런 비 내리는 이야기를 보며
뭉텅뭉텅 잘라버리고 싶은
지난 토막들을 생각한다
만나서 웃고
헤지면 울고
영원히 사랑한다, 혜숙아
누가 유치하다 웃으랴
그때는 이보다 더 애절한 진실은 없었다

不二門 앞에서

사내대장부로 이 땅에 와서
한 소식 건네야 한다는 바람결에 얼마나 부끄러웠는지 모른다
십 분마다 들추는 머릿속 성인잡지 들킨 것처럼,
이참도 텅텅 빈 것을 굴리고 어영부영 세월만 까먹은
강 이쪽, 우뚝 솟은 팔만 봉에 기껏 얹고 보탠들
걱정 하나 더 늘리는 일
도무지 깊은 無明을 무엇으로 깨울 건가

거기, 한 발짝 옮기면 空 즉 色이요
줄 하나 걷어내면 色 즉 空인데
사바 세상 가지고 놀던 거 다 털고
들어오라, 사천왕은 눈알 굴린다
등 가운데 어쩌지 못해 손 빌리려 왔건만
목욕재계라니, 그곳이 반도체 공장 청정실 아니던가
나뭇가지 사이 달랑 문 하나 걸어놓고
둘이 아니다. 처마가 날아갈 듯 우기면 어쩌자는 거야
고프면 먹고 졸리면 자는 문 하나 당연,
빗장 풀리면 안이 훤히 잡힐 줄 알았는데
彼此 분별없이 속닥하게 들어앉은 조사님네 뜰
햇살에 절인 매미 저 혼자 간절하다

건방진 이야기

내 생은 수원북중학교 3학년 물상 시간에 이미 결정 났다
물체를 어느 지점까지 이동시키는—'운동과 힘'의 시간
물이 가득한 드럼통을 짐차에 올려야 할 때
그냥 들어올리면 너무 힘이 드니까 비탈을 이용합니다
5m의 판때기와 10m의 판때기
10m의 판을 이용하면 5m보다 훨씬 쉬운 것 같지만
조금씩 멀고, 많고 짧게. 드는 힘은 마찬가지입니다
거리 곱하기 밀어 올리는 힘 이퀄… 어쩌고저쩌고
증명을 위한 설명은 안중에도 없이 쾌재를 불렀다
그래 이것이야, 인생이란 것이 바로 이것이야
나는 나이에 걸맞지 않게 왜 엉뚱한 생각을 했는지,
기쁨이 있으면 슬픔이 있고 얻으면 반드시 잃어야 하고
가늘고 긴 것에는 작은 것이 많고 굵고 짧은 것에는 큰 것이…
내 살아온 길목, 언짢은 일에 부닥치거나
피해 가고 싶은 대목 혹은 스스로 위로받고 싶을 때
조돈웅 물상 선생님의 '운동과 힘'의 시간을 떠올렸다
무슨 대단한 패라도 쥐고 있는 것처럼.
한 바퀴 숨차게 돌고 나서 이제 깨달았다
그때 그 물상 시간에 깨달았다고 한 인생론
얼마나 무시무시한 오류요 실착이었던가,
생이라는 것은 함부로 재단해서는 안 된다는 것을.

너무 일찍 개입하거나 깊게 발 담가버린 바다는 차갑다

손

결국 풀어야 할 숙제는 내 안에 있었음인가
불끈 쥐고 걸어온 길
들어 보일 때도 있지만 대부분 아래로 매달려 왔다
운명을 들먹이기엔 너무 깊은 강물 흐르고
돌아보면 주저앉고 싶은 날들이 더 많았던
생애, 붙잡고 매달리는 악착이 밑천이었는지 모른다
보보다 바위 내밀기 쉬운 세상
모으거나 비비지 않고 무사히 건너간 자 몇이리
그 끝이 가리키는 뜬구름까지 날기 위해
깨끗이 비워두는 법을 배워야 하는 것을,
내밀기만 했지 건넬 줄 모르는 이 염치
언제까지 갈퀴이어야 하는가
단지 살아있음을 확인하기 위해 긁어모으는 일
언젠가는 아무것도 아니라고 펴 보이겠지만
본인을 위해 한번도 움켜쥔 적이 없다

어쩌면 내 전생은
뜯기고도 할 말 없는 이 세상 머슴이었는지 모른다

막도장 하나

싸인으로 시작해서 싸인으로 끝나는 미국인데
무슨 연유로 여기까지 끼어 왔을까
컨테이너 짐 사이에 숨어든 밀항자처럼
이민 보따리 정리하다 발견한 나무 도장,
만지작거려 숙고한 흔적 없는 것이
쓸 것 없는 내 이력만큼 민망하다
누구는 옥새 하나로 천하를 쥐락펴락하는데
아무리 불러도 나에겐 어색한 허명의 완치고
간절한 말씀처럼 돌에 새기고 싶었으리,
구청 호적계에 단 한번 디밀고 말았을…
똑바로 살아도 제대로 살지 못하는 세상에
거꾸로 매달린 이 피맺힌 절규
웬수의 낙인일지라도 오래 간직하련다
내 가슴속 어딘가에 평생
꾹꾹 눌러 찍어야 할 약속 있기에

짜장 곱빼기를 시키며

삼고초려, 도원결의 그 형제들
이루지 못한 통일 위업의 한을 아직도 눈 부라리며
삭히고 있는, 삼선 간짜장이 맛있는 홍해루에서
늦은 허기, 보통과 곱빼기 사이를 오락가락한다
그래, 누구는 천하대세를 논하는데… 큰맘 먹고 곱빼기 외쳤다

묵은 땟국이 아무렇지도 않은 내 옹색한 식민지 벌판
차지해야 할 그 한 그릇이 절대였던가
구름 가르는 청룡언월도 허겁지겁 적토마는 난세를 휘몰아간다
젊은 한때 장비여, 관운장이여
삐걱이는 용상에 비스듬히 기대어 호기 있게 말아먹을
하사받은 선대의 영토는 없지만
초 치고 당초 화끈히 뿌려 아삭아삭 단무지 곁들이는 이 호사

꺼억, 일장 광풍 토하고 궐문 나서니
마실 나온 아랫말, 정말 뵈는 게 없어라
아하, 잘 먹고 잘산다는 것이 겨우 보통과 곱빼기 차이인 것을
왜 진즉 나 몰랐던가.

이런 사치 자주 해도 되는지 몰라

펭귄

세상 끝까지 가자는 그 한 말 때문에
걸어서 극까지 왔다
시작한 그날부터 되돌아가고 싶은 원래 청춘
착실한 정답도 백지 위에선 오염인지 모르고
날개만 가졌으면 다 나는 줄 알았다
추운 들꽃 하나 동무 삼을 수 없는 들판에서
무엇을 얻기 위해 한없이 기다리는 것이 아니라
어떤 끝을 놓지 않으려고 드는 꽃 발처럼
품위 있는 세월을 한번도 살아보지 못했다
뒤뚱거리는 폼이 내 사는 것의 전부
매양 눈길 준 곳이 당장 코앞인 것 같아도
슬쩍 벗어나고 싶은 문제지 바깥이었는지 모른다
쥔 패도 없이 함부로 바람에 맞서지 말라
일용할 절대 앞에 갈대 아닌 것이 없다
은근히 엎드리길 강요하는 세상이지만
맨바닥에서 꼿꼿이 견뎌야 할 속죄의 부동자세,

꼭 품어야 할 언 발등을 위해
모든 것 앞에서 침묵을 배웠다

관계

깜깜한 밤길 걷다 헤매다
불빛 가물가물 산마루 주막 뒷방에 들다
어둠 속이라 주인 얼굴 자세히 확인할 수 없지만
희미한 등잔불이나마 켜 주고 따뜻한 군불 지펴주는 것으로
봐서, 어딘가 분명 있기는 있는 모양이다
또 한 명의 나그네 삐죽 문 열고 머뭇거린다
인연 따라 토방 끝에 가지런히 올려진 짚신짝들
몽롱한 상태에서 맞이한 것이 오죽하랴
한 이불 아래 두 주장이 평화를 이루기는 힘든 법
몇 생을 더 견뎌야 묵은 매듭 풀릴 것인가
산통이 깨지지 않도록 서로 마주 보는 사이
우리 곁으로 내려와 꼼지락거리는 작은 별
저것이 아니었으면 벌써… 핑계여, 아교풀이여
지지고 볶다 세상 모르게 잠들고
잠꼬대에 이불 걷어차고 알몸 부끄러워하다
취한 듯 허튼소리도 지껄이다
공수래공수거 철학 지겹게 실천해 보이다가
꼭 왔던 순서는… 날이 밝아 제대로 세상 분간할 만하면
붙은 검불 탈탈 털고 제 갈 길로 떠날 것이다

노곤한 몸 하룻밤 부대끼고 달래던 봉놋방
함께 있다 어느 날 빈 그 자리

아름다운 착각

겨우 168에 70
보잘것없는 이 배불뚝이를
두고, 키만 조금 더 컸더라면
신성일과 족히 형님 동생 했을 거라고,
허리통 5인치만 어찌 감추고
얼굴에 붙은 검은깨 조금 덜어내면
영락없이 젊은 엥란임을 띄워주는
그대와 나, 마주 보는 거울엔
언제나 부연 안개 끼어있다

눈멀수록 환해지는 세상

산다는 것은 속아 주는 것
사랑은 서로 져주는 것
그대 엥란. 당신 성일
착각하고 살아주니 얼마나 고마운가

생각난 김에 오늘 밤 찐한 영화 한 편 찍을까 보다
컷, NG 없는

風島 가는 길

어딘가 꼭 있을 것 같은
알아도 도무지 헤아릴 길 없는
잡아도 사이사이로 빠져나가는
그것을 그냥 풍도라 하자

금 그어 놓지 않아도 뱃길은
눈길 주어 그리운 곳까지 직선이다

처음 만나
깜깜한 네 맘 깊숙이 파고드는
개똥벌레 같은 아슬한 비상등 켜고
파도에 묻히면서 허우적대며
얼굴 내밀어 숨 한 번 동냥하듯

네 등 뒤로 스쳐간 구름인 줄 모르고
비린내 풍기는 별빛 건져 올린다

뱃머리 상대는 파도가 아니다 바다다
끝까지 우기면 내 것이 되는 이치를 가르며
한껏 부풀린 근육
여기저기 그물망 던질 것이다

그물코보다 더 작은 사랑이 없기를

있어도 그만 없어도 무방한 점 하나
다가가면 거기도 희비 한마당이지
망망대해 한낱 가랑잎, 맘속 출렁이는 것
끝내 알다가도 모를 풍도에서

하룻밤 유숙

이 도서의 국립중앙도서관 출판예정도서목록(CIP)은 서지정보유통지원시스템 홈페이지(http://seoji.nl.go.kr)와 국가자료공동목록시스템(http://www.nl.go.kr/kolisnet)에서 이용하실 수 있습니다. (CIP제어번호 : CIP2019022878)

달빛 풀어 밑줄 긋다

초판 1쇄 발행 2019년 6월 26일

지은이 고치완

펴낸이 임병천
펴낸곳 책나무출판사
출판신고 2004년 4월 22일(제318-00034)

주소 서울시 영등포구 신길3동 325-70 3F
전화 02-338-1228 **팩스** 0505-866-8254
홈페이지 www.booktree.info

ISBN 978-89-6339-624-8 03810